The Anthology of Balaji
巴拉吉预言

技术、真相和构建未来的指南

[美] 埃里克·乔根森 著
(Eric Jorgenson)

周游 译

中信出版集团|北京

图书在版编目（CIP）数据

巴拉吉预言：技术、真相和构建未来的指南 /（美）
埃里克·乔根森著；周游译 . -- 北京：中信出版社，
2024.11. -- ISBN 978-7-5217-6922-7
Ⅰ. F11-49
中国国家版本馆 CIP 数据核字第 20247KD137 号

The Anthology of Balaji: A Guide to Technology, Truth, and Building the Future
Copyright © 2023 Eric Jorgenson
All rights reserved.
Published by special arrangement with Magrathea, Inc. in conjunction with their duly appointed agent 2 Seas Literary Agency and co-agent CA-LINK International LLC
Simplified Chinese translation copyright © 2024 by CITIC Press Corporation
ALL RIGHTS RESERVED
本书仅限中国大陆地区发行销售

巴拉吉预言——技术、真相和构建未来的指南
著者：　[美] 埃里克·乔根森
译者：　周游
出版发行：中信出版集团股份有限公司
　　　　（北京市朝阳区东三环北路 27 号嘉铭中心　邮编　100020）
承印者：　三河市中晟雅豪印务有限公司

开本：880mm×1230mm　1/32　　印张：8　　　字数：170 千字
版次：2024 年 11 月第 1 版　　　　印次：2024 年 11 月第 1 次印刷
京权图字：01-2024-4656　　　　　 书号：ISBN 978-7-5217-6922-7
定价：68.00 元

版权所有·侵权必究
如有印刷、装订问题，本公司负责调换。
服务热线：400-600-8099
投稿邮箱：author@citicpub.com

献给我的伴侣、至爱珍妮。我永远爱你,至死不渝。

目录
CONTENTS

关于本书的重要说明	VII
序	IX
埃里克的笔记（关于这本书）	XIII
巴拉吉·斯里尼瓦桑经历表	XVII
巴拉吉亲述	XXI

第一部分 技术
PART ONE TECHNOLOGY

第一章 技术的价值	005
打造金钱买不到的东西	005
更快、更好、更便宜	007
技术创造价值	008
释放看不见的价值	009
更多技术，更多进步	013
第二章 技术的影响	017
技术降低价格	017
技术是历史的驱动力	019
技术决定政治秩序	022
从中心化到去中心化	024

第三章 我们的数字化未来 　　029

从实体到数字化，再到数字原生 　　029
区块链的颠覆性 　　030
用于创造一致性的技术 　　034
数字边疆 　　036
一切价值都在数字化 　　039

第四章 我们的物质未来 　　041

自动化的繁荣 　　041
通过自我监测实现永生 　　043
不是延长寿命，而是延长青春 　　047
超人类主义：利用技术自我完善 　　050

第二部分
真相
PART TWO
TRUTH

第五章 真相的类型 　　057

科学真相 　　058
技术真相 　　062
政治真相 　　064
经济真相 　　067
加密真相 　　069
保护真相 　　073

第六章 现代媒体与真相背道而驰　075

你之所见即为你所思　075
传统媒体的真实本质　077
《纽约时报》声称火箭不可能在
　太空中运行　081
媒体有其自身的动机　082

第七章 如何重新定位媒体　087

创造高价值媒体　087
以读者利益为导向的媒体　090
调整针对作者的激励措施　093
建立基于事实的媒体　095
媒体如何带我们登上火星　096

第八章 打造更好的真相机器　099

社交媒体把我们的大脑连接在一起　099
新技术如何重塑沟通方式　101
媒体的未来是去中心化的　102
创建预叙事新闻　104
将事实与叙事分开　105
成为公民记者　107
加入新的媒体社群　109

第三部分
构建未来
PART THREE
BUILDING THE FUTURE

第九章 相信	117
培养富足的心态	117
创造自己的财富	119
实现财务独立的简单公式	121
从小事做起	123
寻找边疆	125
坏领导实行分化，好领导鼓励创造	128
不要去争论，而要去构建	129

第十章 创立	133
研究	136
构思	142
证实	148
工程	156
发布	159
招聘	164
管理	167
增长	171
执行	173
生存	176

第十一章 演化	181
生产力手册	181
长期维持高产出	183
学会有效学习	186

	学会以多种方式思考	189
	培养通用技能	190
	投资你想看到的未来	193
额外推荐 **BONUS**	巴拉吉的推荐读物	203
	图书	203
	其他推荐	214
	进一步了解作者和巴拉吉	217
	致谢	219
	附录	223

关于本书的重要说明　　　　　　　　DISCLAIMER

我在巴拉吉分享的文字记录、推文和演讲的基础之上编写了这本书，并尽量保留了巴拉吉的原话。不过，还有一些要点需要特别说明：

- 为确保行文清晰和简洁，文字记录已经过（多次）编辑。
- 我无法百分之百确定每个信息来源的真实性。
- 引用本书中巴拉吉的观点之前，请先对照一手资料核实措辞。
- **请不拘一格地解读本书。**

从严格意义上来说，本书的所有内容都属于断章取义。我们对这些内容的解读会随着时间的推移而改变。请注意，在不同的时间、媒介和语境中，巴拉吉的初衷可能与你的解读有所不同。

在创作本书的过程中，我可能会望文生义，做出一些牵强附会、断章取义的解释。在不同的时间、空间和媒介中，一些话语的措辞可能会发生变化。我已尽一切努力保全巴拉吉的本意，但错误仍在所难免。

本书中，所有才华都属于巴拉吉，任何错误都归咎于我。

推文

推文的内容独具匠心，因此我使用了醒目的引文格式，用以总结或强调正文的核心观点。

> 这种格式表示我引用了巴拉吉的推文。

自由翻阅

你可以在本书中自由探险，跳过任何不感兴趣的内容，选择任何感兴趣的内容先行阅读。但请注意，观点往往脱胎于以往的观点，是经年累月思考的结果。

查阅资料

巴拉吉使用了一些不常见的技术词汇。如果你发现不熟悉的词语或概念，请查阅相关资料以掌握新知识。这正是巴拉吉希望看到的。

引文

为了确保阅读的流畅性，我们删减了个别引文。所有的资料来源均可在"额外推荐"部分检索到。

序

巴拉吉·斯里尼瓦桑

我对为一个活着的人（即我自己）作传持保留态度！

当下，在打造你的个人形象时，你有4种选择。

（1）使用化名。你可以使用化名，就像中本聪一样。我推荐这个方法。

（2）亲自发布。你可以亲自发布自己的内容。我同样推荐这个方法。

（3）做出反应。你可以与对你怀有敌意的媒体记者合作，彼得·蒂尔的同事就犯了这样的错误，与像马克斯·查夫金这样的职业仇恨者交谈，使查夫金得以通过其著作发表对彼得·蒂尔连篇累牍的攻击言论。

（4）积极回应。你可以屏蔽所有媒体记者，而只帮助那些真正了解你正在做的事情的积极人士，就像彼得·蒂尔的同事做的那样，与吉米·索尼这样聪明的作家交谈，使索尼得以客观公正地在其著作中讲述蒂尔的事迹。

基于以上例子，很显然，你想要的是（1）、（2）和（4）的某种结合体。

但冲突会引起关注，人们很容易对消极情绪做出反应。部分原因在于，互联网上的消极情绪比积极情绪声势更大。那些喜欢你所做事情的人只会点一下"喜欢"按钮，但那些不喜欢你的人会向你发送愤怒的私信。为了不陷入被动应付的局面，你必须有意识地关注积极的一面。埃里克·乔根森非常积极，所以我说："好吧，你来写这本书，我来写序。"

但这又让我陷入了第二个困境。

要写序，你需要知道这本书是为谁而写的。我不确定这本书是否属于我们所说的科技自助类书籍，即蒂姆·费里斯和安德鲁·胡伯曼的读者阅读的商业类和自我提升类实用书籍。

虽然我作为创始人和投资人小有成就，但一定有更好的公司创始人（比如我的朋友布莱恩·阿姆斯特朗，加密货币交易平台 Coinbase 的创始人），也有更专注于成为优秀投资人的人（比如我的朋友纳瓦尔·拉维坎特，创业企业融资平台 AngelList 的创始人）。在这本书中，我会就如何创立和投资价值数十亿美元的公司提供一些建议，但有些人能做得更好。

同样，我是一名优秀的工程师（但维塔利克·布特林更厉害）、一位受人尊敬的科学家（但维杰·潘德更厉害）、一位体面的扭亏为盈的首席执行官（但本·霍洛维茨更厉害）、一位畅销书作家（但蒂姆·费里斯更厉害）等等。我拥有多种身份：创始人、投资人、工程师、科学家、首席执行官、技术执行官、内容创作者、作家等等，但我从未被其中任何一个定义框住。

我想，我真正的身份是技术的本我。

诉说技术之所想的人。

那么，我要诉说什么呢？

- 互联网对于美国来说就像曾经的美洲对英国一样，是一个包罗万象的边疆。
- 正如西部蛮荒之地曾经催生了美国历史上的拓荒者一样，互联网也催生了全球技术阶层。
- 这一阶层不是由继承来的财富定义的（许多人生来贫穷，比如印度某些地方的人），也不是由遗留的制度定义的（许多人是天生的反制度主义者），而是由创造财富的能力和建立新制度的愿望定义的。
- 这些新制度最终将不仅包含新公司和新货币，还包含新城市，甚至新国家。

这是我在《网络国家》(The Network State)一书中详细阐述的概念。现在许多科技界人士也认为，就像创造比特币比改革美联储更容易一样，创建一个新城市实际上比改造旧金山更容易，创建一个新国家也比改革美国食品药品监督管理局（FDA）更容易。

也许这也会成为你的观点。

> 请参阅我关于匿名经济的演讲。以下这种情况已经十分普遍：在互联网上，你在表达观点的时候理所当然地将你的真实姓名隐藏起来，这样一来，任何攻击都是对你论点的攻击，而不是对你人格的攻击。

埃里克的笔记（关于这本书）

阅读这本书，就像与巴拉吉·斯里尼瓦桑相对而坐，花几个小时进行深入交谈。在这本书里，你可以了解他所有最伟大的想法，并将其应用到你自己的生活中。

这本书收集、筛选、梳理并整合了巴拉吉在过去 10 年中发布的数百小时的播客、帖子和推文。有了这本书，你将在几个小时的阅读时间内了解巴拉吉最有价值的思想。

巴拉吉是一位杰出的企业家、工程师、投资人和未来学家。他的观点独树一帜，且极富洞察力，侄常常引起争议。你可能不喜欢或不认同你读到的某些内容，但这会激发你产生新的想法，并以不同的方式看待世界。

我最喜欢的书总是能赋予我一种新型X射线般的视觉，帮助我看到我以前不理解甚至没有注意到的世界的新层面。我从这本书中获得了看待世界的新视角，希望你也能找到同样的快乐。

这本书的创作过程也改变了我的生活。它激发了我的投资灵感

（无人机建设、核反应堆、机械肢体），改变了我对健康的看法（活过120岁并非天方夜谭）。巴拉吉的智慧让我对我们当下所处的历史阶段有了更深的理解，我迫不及待地想要看到焕然一新的未来。

这本书分为三个部分。第一部分描述了技术给我们的生活带来了哪些改变，并展望了技术未来的发展趋势。第二部分介绍了真相的类型以及如何独立做出正确的判断。第三部分分享了巴拉吉关于创建公司（协议、非营利组织、项目或国家）的战略建议。在这本书末尾的"额外推荐"部分，我附上了巴拉吉的推荐阅读清单，这些书给他带来了深远的影响。通过阅读这些书，你也可以学会像巴拉吉一样思考。

技术推动了我们的过去，也将塑造我们的未来。新兴技术拥有广阔的发展前景。读完这本书后，你将发现周遭的全新机会。

在这本书中，真相是另一个关键词。如今，信息喧嚣不断，人们苦于弄清楚何人诚实、何谓真实。这是一个巨大的挑战，也是一个亟待解决的重要问题。我们需要一套方法，在偏见、腐败或敌对信息中独立思考。相信这部分会让你感到振奋！

在务实创新的过程中，技术（第一部分）和真相（第二部分）分别是你的利剑与坚盾，构建未来（第三部分）则是帮你找到圣杯的地图。这些思想将改变你的生活、你的社区，甚至可能改变人类这一物种的未来。

（第一部分是最重要的，但最后一部分是我的最爱。）

这本书虽然汇集了巴拉吉的思想，但实际上是一本独立思考指南。它会帮你找到你自己的道路，构建你想要看到的未来。你可能会找到下一项伟大的投资，或者创办一家价值 10 亿美元的公司。

巴拉吉是不是有时听起来有点儿像漫画书中的反派？或许是吧。毕竟，他是一个古怪的天才。试着与这本书对话，采纳对你有用的想法，与剩下的那些想法较较劲儿。读完后，你就可以放下书开始工作了。

我们每天都在重塑未来。好好利用你的力量。

去创建一个产品。去解决一个问题。去构建。

一路向前。

埃里克·乔根森
堪萨斯城

最后，你或许会好奇我是否想投资你决定构建的东西，我的答案是："当然要投！"所以，让我们携手前行吧。巴拉吉在这本书中向我们展示了许多改变世界的伟大机会。让我们一起构建它们。

如果你喜欢这本书中的想法，你一定会喜欢我的播客《聪明的朋友》(Smart Friends)。

巴拉吉·斯里尼瓦桑经历表

- 1980—1997 年：在纽约州普莱恩维尤出生并长大。
- 1998—2006 年（18~26 岁）：凭借基因回路和计算基因组学方面的研究成果，获得斯坦福大学电气工程学士、硕士、博士学位，以及化学工程硕士学位。
- 2006—2007 年（26~27 岁）：在斯坦福大学教授统计学和生物信息学。
- 2008 年（28 岁）：作为联合创始人创立临床基因组学公司 Counsyl。
- 2013 年（33 岁）：开始进行天使投资，包括在比特币价格为约 10 美元时投资比特币。
- 2013 年（33 岁）：为 250 000 多名学生教授斯坦福大学的《创业工程》在线课程，这是第一批有关比特币的在线课程之一。
- 2013 年（33 岁）：作为联合创始人创立一家区块链公司，

该公司最终发展为 Earn.com。

- 2013 年（33 岁）：以普通合伙人身份加入风险投资公司安德森·霍洛维茨。
- 2014 年（34 岁）：作为联合创始人创立 Coin Center，它目前是加密领域非营利组织的先驱。
- 2015—2023 年（35~43 岁）：成为数百个技术初创公司和数字资产的种子投资人，包括以太坊、Solana、Avalanche、Replit、Bloom、Superhuman、Opensea 等，不胜枚举。
- 2018 年（38 岁）：Earn.com 被 Coinbase 收购。
- 2018 年（38 岁）：以 3.75 亿美元的价格出售临床基因组学公司 Counsyl。
- 2018 年（38 岁）：巴拉吉成为 Coinbase 的首席技术官。他带领团队重新编写和架构了 Coinbase 的后端，用来支持数百种新资产，并推出了与美元挂钩的稳定币 USDC，为 Coinbase 旗下的加密资产托管服务平台 Coinbase Custody 完成了 10 亿美元的业务。他还整合了 Coinbase Earn（Coinbase 推出的一项计划，它允许符合条件的用户通过学习了解各种加密货币并完成测试来赚取加密货币），完成了价值超过 2 亿美元的 Coinbase Earn 空投，并建立了加密工程团队。
- 2019 年（39 岁）：巴拉吉离开 Coinbase。
- 2020 年（40 岁）：提前几个月在推特上预测了新冠疫情的后果。
- 2022 年（42 岁）：出版《网络国家》，这本书很快成为《华尔街日报》畅销书。
- 2023年（43岁）：未完待续……

接下来，请看巴拉吉的亲述。

巴拉吉亲述

我在纽约长岛长大，父母都是医生。他们是印度移民，在他们生活的那个时代，打长途电话的费用很昂贵，邮件通信也很慢，于是他们渐渐与家乡文化隔绝了。他们的文化习俗只适用于 20 世纪 50 年代的印度，与 20 世纪 80 年代的纽约完全不同。

我的父母一直在工作，他们不得不花费大量时间和金钱接济生病的亲戚。我的父母扛起了生活的重担，而我则逃进了小说和阅读的世界，在书海中畅游。这样的生活我过了很多很多年。

我有些与生俱来的优势。早年，我的祖父在去世之前教给我很多数学知识。我在很小的时候就学会了阅读。但事情总是好坏参半。

自我记事起的前 13 年里，学校就像监狱一样。我必须每天上学，不能离开。我对自己所处的环境没有任何掌控力，无法融入其他孩子的社交圈。那是在互联网出现之前，所以当时我还没有可以效仿的文化榜样。尤其是早些时候，我身着异域服装，而其他孩子都穿着运动 T 恤。我在学校里显得格格不入。

就因为我是数百人中唯一的棕色皮肤的孩子,很多其他孩子会联合起来称呼我为"甘地"。我会安慰自己"这不是侮辱",并尝试逃跑,但他们仍会穷追不舍。我的经验教训是,我需要将手中的书砸向第一个靠近我的人——砰!——然后表现得像个疯子,这样其他人就不会欺负我了。随后,在校长办公室,霸凌者们会流下"鳄鱼的眼泪",哭诉这个印度小男孩如何出手挑衅。他们的父母与校长相熟,校长会说:"巴拉吉,你为什么攻击小吉米和小杰米?"我很早就知道,我必须为自己挺身而出,因为整个国家都不拿你当回事。

总之,老师不会保护我,所以我学会了战斗。我学会了如何对付他人的挑衅以及如何找到自己的防御阵地。我必须像疯子一样保护我自己,因为我深知,体制不会保护我。

我被留堂了很多次。留堂也不错,因为我可以安静地读书。学校前门上张贴着优等生和留堂生的排名,而我总是位列这两项排名的榜首。

慢慢地,我对美国文化有了足够的了解,可以学着融入了。我开始进行力量训练,并在高中时加入了橄榄球队和长曲棍球队。球队有一条原则:只要你坚持,就不会被裁掉,所以我熬过了夏天的"地狱周",成了替补角卫和中场球员。我永远不会成为世界上最伟大的运动员,但我在高中毕业时拥有了强健的体魄,并且现在仍然因为多年的深蹲和高翻训练而体格健壮。

这对我来说是一段宝贵的经历,因为我学会了弥补自身的不足。我从零开始,通过自己的不懈努力,达到了中等水平。这对我了解自己的局限性、学会谦逊也很有帮助。与做学术不同,无论我多么刻苦地练习长曲棍球，我永远不会像那些有这项运动天赋的人一样出色。了解自己的弱点让我变得坚强。

"擅长数学"、"特立独行"、"必要时竭尽全力"以及"严格评估自己的弱点"都是我的个性标签。这在早期被视为缺点，但也正是这些特点让我在后来的生活中得到了回报。

特立独行（或"在智识方面表现出自信"）的好处日益丰厚。我在高中时就被赶出了班级，情况一度非常糟糕。但在学术领域，它开始产生积极的影响，因为我有其他人并不具备的洞察力，它帮助我找到更独特的工作。

在风险投资和内容创作领域，原创性受到极大的重视。无论你称之为独创性、特立独行还是逆向思维，善于分析和不完全服从这两者的结合都至关重要。

> 我成长在互联网真正普及前的那个年代。

我于1997年高中毕业。那时搜索引擎还不太好用，维基百科尚未出现。我觉得我的教育真正开始于2001年，当时谷歌已足够好用，通过它，我可以在互联网上提升自己，自学并如饥似渴地吸收一切信息。

有一部电影，讲的是有人被冻结在一块冰中，直到某天忽然解冻并获得了体验世界的机会，这就是我上大学之前的生活感受。在上大学之前，一切都像是慢动作。突然间，生活步入了快车道。

在斯坦福大学，我获得了电气工程学士、硕士、博士学位，以及化学工程硕士学位。彼时是基因组学领域蓬勃发展的时期，因为人类基因组计划正在进行中。我选择化学工程这个专业是因为我希望在学习基因组学的同时，也能最大程度地应用数学。

我在研究生阶段的具体研究领域是微生物的基因回路，也就是研究病毒和微生物是如何连接的。我们研究了它们的系统图和蛋白质相互作用网络，对它们的基因组序列进行了统计和计算分析。基因回路或系统生物学的这类研究处于电气工程、计算机科学、基因组学、统计学和生物化学的交叉领域。

我创立了一家初创公司，因为与依赖项目资助的学术领域相比，作为一家盈利的公司，我们可以获得更大的数据样本，并为世界带来更大的改变。规划和建立商业版图可以更有效地应用这些新技术。

我们创办了一家名为 Counsyl 的基因组学公司，我是该公司的首席技术官和联合创始人，该公司最终以 3.75 亿美元被收购。最初几年我们必须自力更生，最终我们得到了彼得·蒂尔及其创始人基金的资助。我们进行了超过 100 万次诊断测试，并改变了孟德尔遗传病的护理标准。

我也是一名天使投资人。在加密货币领域，我很早就接触了比特币、以太坊、Zcash 等概念。2013 年，我成了风投公司安德森·霍洛维茨（简称 a16z）的一般合伙人，专注于加密货币、生物医学和在线教育领域。我将维杰·潘德招募到公司，并进行了一些最早的生物投资，投资对象包括像生物技术公司 Benchling 这样非常成功的公司，这些投资最终成了 a16z 生物基金。我还与克里斯·迪克森合作，进行了几项加密货币投资。当时，投资比特币的一些组织管理问题最终促成了 a16z 加密基金的创立。我在 a16z 时与他人共同创立了 Coin Center，并招募了杰里·布里托，该组织成了加密货币领域非营利组织的先驱。我还帮助公司处理监管问题，加密货币行业与软件、物质世界和政治环境均紧密相关。

2015 年，我接管了 a16z 投资的一家公司，试图扭转公司的颓势，这家公司就是后来的区块链公司 Earn.com，它后来被 Coinbase 收购。我在 Coinbase 担任了一段时间的首席技术官。在那里，我与一群伙伴整合了 Earn.com 并创建了 Coinbase Earn。这成为 Coinbase 旗下一项价值数亿美元的业务。

我曾在斯坦福大学教授了几年计算机科学和统计学课程。我还为全球约 250 000 名学生讲授了一门关于创业工程的在线开放课程。该课程融合了技术和哲学方面的知识，讲授了创业的动机以及创业中可能遭遇的困难。这些是我在博士期间创办第一家公司时就应该知道，但当时未能了解的内容。

> 我喜欢将自己视为一个务实的思想家。

我有长远的眼光，始终致力于超人类主义的长期目标。但我愿意脚踏实地地执行短期任务，逐一完成待办事项，朝着最终目标稳步前进。我总是会考虑长期目标。

每隔几年，我就会感觉自己的生活焕然一新。我现在已经 40 多岁了，但我感觉自己的人生才刚刚开始，因为我积累了各种资源，比如分销、网络和资本。现在，我可以传播观点、广泛投资并见证大事发生。

凡是过往，皆为序章。现在，我有一块可以随心所欲地作画的画布了。有些人赚了一点儿钱就安于享乐。我认为，金钱是一根炸药棒。它是我的杠杆，可以帮助我破除通往下一个目标的道路上的障碍。

我希望看到伦理和技术协同进步。我希望看到人们相信数学是有用的，相信核能发电是有助益的，相信探索火星是有价值的，相信不断开拓是件好事。

让我们走上长期上升的轨道吧。在我的有生之年，我希望看到人类共同努力，走向无限。

> 不朽的财富，无限的边疆，永恒的生命。

PART ONE
TECHNOLOGY

第一部分

技 术

> 投入大量劳动力并不一定会产生价值，采用正确的技术通常可以做到这一点。

第一章
技术的价值

打造金钱买不到的东西

我不是受金钱驱使的人,但我知道有些人是。我至今仍在穿研究生时期穿的 T 恤。我没有汽车或类似的代步工具。我将金钱视为一种工具,用于打造当下我买不到的东西。

埃隆·马斯克创建 SpaceX(太空探索技术公司),因为他买不到去火星的船票。你可以坐拥世界上所有的财富,却无法去火星旅行。100 年前,即使世界上最富有的人也买不到苹果手机。这样的进步才是我关心的。

我们没有明确的衡量进步的标准。如果非要选择一个,预期寿命可以作为一个重要的候选指标。在这方面,进步曾呈指数级增长,但最近增长趋势有所放缓,甚至出现了倒退。

预期寿命曾经是衡量技术进步的唯一标准。近年来,人们更关注股票价格或 GDP(国内生产总值),这没问题,但从本质上来说,它们是主观的人类指标,而不是像年龄这样的客观的物理指标。

我们必须开始重视我们的价值观,而不是简单的估值。金钱只是一个工具。真正重要的是构建一些你买不到的东西,帮助我们改善预期寿命等指标。

真正的技术专家应该渴望改变物理指标。我们可以将预期寿命从 70 岁提高到 150 岁。我们需要关注真正的变革性技术，不仅是延长寿命，还有脑机接口、肢体再生、通过 RNA（核糖核酸）注射治疗耳聋以及通过仿生眼治疗失明。如今，我们可以利用技术创造真正的奇迹。

> 技术承载的情感诉求：
> → 为什么要接受每年 3 万人的死亡，而不是加快自动驾驶汽车的研发？
> → 为什么让监管机构阻止我们研制拯救生命的生物医药？
> → 为什么要接受非意外死亡，而不是推动寿命延长？

我坚信人类可以利用技术来增强自主性、控制力和影响力。你应该使用最好的工具。为什么不呢？你在试图移动某物时，地面上正好有一个杠杆，你为什么不使用它呢？

人们通常不想使用新工具或新技术。他们希望沿用以往的做事习惯，而学习如何使用这个杠杆是全新的挑战。面对未知，他们感到惧怕。如果杠杆断裂会发生什么？使用杠杆有哪些风险？为什么我们不能像以前那样用自己的身体来举起重物呢？

显然，使用更好的技术具有无与伦比的优越性，但愿意这么做的人依然少之又少。

更快、更好、更便宜

> 科学是理论。技术是实践,也就是应用科学。

把技术称为"行业"是一种愚蠢的行为。"科技行业"是我们勉强接受的一个标签,但它并不是一个明确的概念。你不会称物理学为"行业"。每个行业都使用技术,就像每个行业都会用到物理学一样。

商业只是推动未来人类进步的工具。不论进步是通过开源项目、学术论文还是研究实验室来实现的,工具都不重要。目标是推动技术进步,造出更好的工具(比如蒸汽机)。事实证明,发展技术最好的方法也许是使用资本工具,但现在可以通过链上社区或众筹来实现。与工具相比,目标更为重要。

如果说技术的目的是减少稀缺性,那么技术的终极目标就是消灭死亡。

乍一听这很疯狂。让我们回到起点:技术的目的是减少稀缺性。想想我们都是如何描述技术突破的:更快、更小、更便宜、更好。所有这些词都意味着,利用新技术,我们可以用更少的资源做更多的事情。

死亡是稀缺性的主要来源。如果我们有更多甚至是无限的时间,我们就不会那么关心有些东西是否可以更快了。速度之所以有价值,是因为时间弥足珍贵;时间之所以弥足珍贵,是因为人的寿命是有限的。

如果你的寿命延长了，你就降低了一切事物的有效成本。如果减少稀缺性是技术的目的，那么消除稀缺性的根源——死亡——就是技术的终极目标。延长寿命是我们能为之努力的最重要的事情。

我们需要身体力行地支持技术进步；需要认识到技术的目的是超越我们的极限，并怀揣着这一使命来激励自己前行；需要将我们从网络应用程序中获得的收益投入火星探索事业；需要敢于怀揣远大梦想，坚定不移地从小事做起；需要告诉世界，治愈失聪、恢复视力和终结死亡是可能的。

技术创造价值

有人认为劳动直接创造价值。他们依据劳动时长给事物定价。如果一项手术需要外科医生花费 5 个小时才能完成，它的费用将十分高昂；如果只需要 1 小时，则便宜许多。

乍一看这似乎很合理。然而，人们花钱买的是事物提供的价值。他们为自身所得买单，而不是所得背后的成本。

手工制作一把椅子非常耗时，工厂流水线制造的椅子却价廉物美。也许前者花费的劳动更多，但后者可能成本更低，产品质量也更好。

比起"劳动价值论"，我更认同"技术价值论"。技术给事物注入了真正的价值。试想以下二者孰优孰劣：用灯泡照明，或者让一群举着蜡烛的人四处走动为你照明。冰箱和汽车的发明同理。

> 技术价值论优于劳动价值论。

技术价值论意味着，本质上技术才是价值创造的来源。计算机就是最好的例证。

机器人学的加速发展意味着越来越多的价值将在计算机上被创造出来。我们尚未完全察觉到这一点，因为现阶段计算机软件产生的影响大多仅限于屏幕。一旦我们身边出现越来越多的机械臂，推动着物理世界的改变，翻天覆地的变化就会出现。

最终，我们所熟知的一切基本都会被简化为软件，而所有非软件部分将被逐渐商品化。众多领域都将实现自动化，例如，将出现自动驾驶货车和全机械港口。在后面的章节中，我们会介绍如何将在纸上打印的概念延展到"打印"任何实物，例如一碗食物。

软件的影响力只会越来越大，并成为所有价值创造的源头。软件创造价值，而其他的一切则用于实现这一价值。

技术第一定律：凡是能通过互联网完成的事情，都将通过互联网完成。当然，任何特定事物转移到线上进行都需要一段时间。这个定律听起来浅显易懂，但它影响深远。

释放看不见的价值

> 让我们释放被过时法律所禁锢的价值。

监管是许多企业发展路上的拦路虎。历史上，硅谷一直致力于解决纯粹的技术问题，例如制造速度更快的硬盘或者优化带宽。类似的企业层出不穷。

但涉猎基因组学或无人机的公司则会和现实世界正面交锋。在这种情况下，卡脖子的不是技术，而是监管风险。作为风险投资专家，我近两年的工作重心就是普及上述观点。

在 2009 年，如果有人声称"过时的出租车和酒店法规禁锢了 1 000 亿美元的股权价值"，会显得哗众取宠。但优步和爱彼迎证明了这是事实。那些有着数十年历史的陈旧法规阻碍着行业发展的未来。很少有人意识到这件事，因为这种看法过于新奇，令人难以理解。

一位叫弗雷德里克·巴斯夏的哲学家曾说过一个关于"看得见的和看不见的"的寓言。思考看不见的价值需要更多的同理心和想象力。你能看见一座摩天大楼，但看不见那些本可以被建造却未被建造出来的东西。同样，假如法规允许摩天大楼在两周而不是两年内建成，你也很难想象这样形成的城市会是什么样。

这不只是个理论上的例子。中国人可以在两周内建造出摩天大楼，这一过程在优兔上有视频可供观看。他们架起摄像机，利用现场组装的预制材料，24 小时不间断地建造，速度比美国快 100 倍，后者用了 10 年才重建好世贸中心。

如今，世界各地有不同的监管制度，使得看不见的东西变得可见。你可以在国外看到我们摒弃顽固规则后所能拥有的世界。思考在没有监管的情况下所能涌现出的看不见的创新，这很重要。

2009年，陈旧的出租车和酒店法规阻碍了相关企业的发展，这些企业的价值超过1000亿美元，而这还仅仅是优步和爱彼迎的价值。行业创造的总价值远大于这个数字，不仅看不见，而且难以估量。受益于这些公司，我们省下了多少停车时间？企业员工拿到了多少薪资？数百万司机和房东获利多少？除可见价值外，它们给全社会带来了更加庞大的看不见的价值，金额可超过数万亿美元。

有趣的是，如果这只是针对出租车和酒店的规定所吞掉的价值，那么美国食品药品监督管理局吞掉了多少价值？美国联邦航空管理局（FAA）、美国证券交易委员会（SEC）等机构呢？

监管者的初衷是好的，但大多数法律都写于百年之前。美国食品药品监督管理局的前身诞生于1906年，证券交易委员会在大萧条时期之后才掌控了如今所拥有的大部分权力。相关律法都是在两三代人前制定的，而技术自那时起也已经更新了好几代了。

利用新技术，我们能以更好的方式实现监管机构的预期目标。回到优步和爱彼迎的例子，你如果查看他们的评论系统，就会看到买卖双方的实时星级评分，这些评分会在每次乘车或每次住宿后刷新。作为监管系统，它的反应速度比出租车牌照系统或酒店检查员快得多。

传统监管机构在买家和卖家之间无法提供同等水平的、快速的、精确的线上反馈。如今，如果一个人违规，他几小时内就会被禁用优步或爱彼迎。这些公司在没有强制监管的情况下，通过封禁劣迹用户或给低质量用户打差评，来实现市场监管的目标。我们不必派警员突袭并强制关闭一家糟糕的酒店，也不必因出租车执照过期而让某人被收监,我们有更好的方式来实现相同的目标。

> 不同的心智模型:
> 立法案——强迫别人做一件事。
> 写代码——我来做这件事。

没有飞行员,就没有飞机这一发明。我们需要先驱者。

我们允许人们蹦极和跳伞,允许人们报名参军并战死在异国他乡。那么,我们也应该为人们留出为推动技术进步而冒险的空间。

在拥有在线化学百科全书之前,《CRC 化学与物理手册》(*CRC Handbook of Chemistry and Physics*,简称 CRC 手册)是我们能仰仗的教科书。你在查看 CRC 手册时会发现一些非常古老的化合物,以及关于它们气味和味道的描述。曾经有位化学家闻了氰化物的气味,他临死前做的最后一件事就是潦草地记录下"闻起来有杏仁味儿"这句话。他为了科学进步而献身。也许这有些夸大其词,但在历史上的某个时期,化学家们确实通过闻气味、尝味道来识别化合物。

现在,我们没有如此高的风险承受能力。人们想要极高水平的安全性,但没有意识到自己可能过于保守了。过于谨小慎微的行为实际上会导致系统性风险。当人们停止冒险并陷入僵化的系统时,系统性风险就会显现。

一个直观的例子是新药研发。新的疗法或药物在临床应用前需要进行人体试验。那些甘愿冒着风险试药的人都是英雄,值得嘉奖。

社会应该允许进行这样的人体试验并奖励受试者。如果没有人敢冒风险，数百万人就无法得到治愈的机会。

如果没有敢于冒险的飞行员，我们就难以测试更快的新机型，也就会因为航旅速度减慢而浪费大量时间，而这些时间累计起来可达数百万人年。

这些例子以及成千上万未提及的例子，都属于"看不见的"。

我们需要司法手段来鼓励先驱者，尤其是在有一定身体风险的情况下，因为先驱者可能会受伤，甚至会牺牲。为建设现代航空事业而牺牲的飞行员都是英雄，他们获得的社会声望与我们给予赴海外服兵役者的声望相同。他们的付出惠及的是全人类。

排斥风险就是排斥回报。

更多技术，更多进步

在很长一段人类历史中，我们从未飞上天空，但突然间，我们就做到了这一点。唯一真正限制我们的是物理定律。我之所以不太关注那些仅仅根据过去的失败就声称某件事不可能的人，原因便在于此。事情变化了，技术进步了，神话中的伊卡洛斯就被现实中的莱特兄弟取代了。

通常，技术突破在电影中会以伊卡洛斯式的故事呈现，并带有古老而过时的寓意："哦，他们因自己的技术而自命不凡。他们飞得太靠近太阳，结果只能是翅膀融化，坠回地面。他们不应该如此傲慢地认为自己可以设立如此之高的目标。"

这就是电影《侏罗纪公园》《终结者》和电视剧《黑镜》的寓意。它们告诉我们，所有发生的坏事都与科学家的傲慢有关，或隐含着诸如此类的潜台词。电影《永无止境》里，一个人发现了一种可大幅提升人类智力的神奇药物，但这种药有副作用。这部电影令人耳目一新之处在于，药物发现者解决了药物有副作用的问题，并凭借超凡的智慧，研究出了更好的配方。这就是现实生活中技术突破的运作方式。

我们不像伊卡洛斯。历史上的确发生过一些坠机事故，但我们通过工程设计，找到了让飞机安全、可靠地在天空翱翔的方法。

我们找到了解决看似无法解决的问题的方法。技术哲学的基本信条是：相信下一个问题是可以解决的。

> 如果你没有深入研究过某件事，那么你针对这件事的心智模型通常会间接简化为好莱坞电影中的几个场景。

技术是历史的驱动力。科幻小说的大前提通常是新的科学发明已经改变了世界。从电影的视角来说，这种变化通常是负面的，并且发生在快进的蒙太奇画面中。而在现实视角下，这种变化通常是正面的，并且是日复一日逐渐发生的。

换句话说，占据每日报纸头条的并不是科学和技术，而是政治和犯罪——即使前者才是我们最应该关注的领域。

纵观历史，政权兴衰更迭，但到目前为止，技术一直在进步。人与猿的区别在于技术进步。无须思考就能完成的事情越多，文明进步的步伐就越大。

当我按下回车键发送一封电子邮件时，许多事情随之发生。在我按下按键的同时，电容器会发生变化，无线键盘通过蓝牙将信号发送到笔记本电脑，电脑捕获该信号并将其转换为数据包，等等。好几百件事情同时发生了，而你根本无须思考其中任何一件。进步就是一种抽象。

抽象带来的问题是，人们远离了复杂性，所以开始相信事情很容易。这是人类的老毛病。事实上，将所有过程放在一个简单的界面之后是非常困难的。这真的很难做到。简化总是困难的。

我们确实正处于生产力的黄金时代。在人们尚且鲜活的记忆中，计算机、复印机、退格键都还不存在。你必须手写所有内容。不久前，你还无法搜索文档，更不用说对其进行排序、备份、查找、复制、粘贴、发送或撤销。你能仰仗的只有一台打字机。

如果你从事信息工作，相较于使用纸莎草纸、普通纸张或打字机的先辈来说，你就是在电子海洋中冲浪的神祇，因为你可以在几秒钟内完成他们原本需要几周时间才能完成的事情（如果他们真能完成的话)。

　　人均交流次数也在增长。过去我们偶尔写信或打电话，如今却演变成了每敲一次键盘都可以发送信息。

　　许多人误解了新技术的价值。某些起初看似琐碎的事情最终会变得重要。电子游戏带来了3D（三维）图形技术，后者如今又带来了VR（虚拟现实）。社交网络催生了来福车（Lyft）打车平台等服务。推特最初的定位是早间新闻推送，现在它被用于发展变革和发布突发新闻。这些技术不像人们想象的那么微不足道。

第二章
技术的影响

> 我们还没有对技术提出情感假设。
> 像《黑镜》这样的科幻小说背后的假设是，虽然现在尚且相安无事，但技术可能会引领人类走向反乌托邦的未来。
> 又或许，我们如今正走在反乌托邦的道路上，而技术是我们拥有美好未来的唯一希望。

技术降低价格

教育、医疗保健和房地产的价格在上涨，但计算机和电子通信的价格在下降。在技术所能触及的每一个领域，价格都在下降。

每个人都变得更加平等，因为他们拥有相同的苹果或安卓手机使用体验，也共享着谷歌、维基百科、GitHub（软件托管项目平台）乃至任何数字化平台的所有资源。

消费者经济实际上创造了某种形式的平等。在规模经济中，你为每个人生产相同的产品。高端和低端智能手机之间没有太大区别。

政府触及的每个领域都会出现价格的上涨，因为法规或补贴阻碍了技术带来的劳动生产率的提高。

例如，在医学领域，医生需要参与所有诊断决策，即使 AI（人工智能）可以比 99% 的医生做得更好。（况且，99% 只是早期实验数据。一旦 AI 吸纳了所有行业数据，它将变得比每个医生都优秀。）

也许我们能指派一位医生进行监督，让 AI 不再只是一个缺乏监管、自行运行的程序。但目前，受制于现行法规和补贴等原因，我们不允许实行自动化诊疗。

补贴与法规类似，它将特定的做事方式固化。这就是为什么我们仍然有黄色校车和 2B 铅笔。这些决策在财政预算中被设立并沿袭下来，然后它们就开始拖系统的后腿。

法律、医学、教育、金融、房地产等都是受到监管或补贴影响的滞后领域。技术对它们进行了部分改革，但并不彻底。如今，它们只是被强行拖入未来的文明遗迹。

传统有其显而易见的价值。人们说某样东西很"Lindy"，意思是它能经受住时间的考验，或者已经存在了很长时间。但是，传统与创新理所当然存在着冲突。飞向月球并不"Lindy"，而是棒极了。这是人性本身的一种冲突。

技术改变了微观经济杠杆，扩大了每个人的可选范围：
→从接受无知到使用谷歌；

> →从接受广播到使用社交媒体；
> →从接受法定货币到购买比特币。
>
> 你可能想了解、回击或选择退出。现在你都可以做到。

技术是历史的驱动力

> 技术是历史的驱动力。
> 它位于文化的上游，因此也位于政治的上游。

技术决定论的历史观惊人地罕见。从这个角度来看，大部分历史与其说是关于人的永恒权利的，不如说是关于机器的最新特性的。

通过地图制作技术，我们能够创建精确的地图。今天我们认为这是理所当然的。如果没有好的地图，就没有明确的边界，进而一个主权国家的权力会随着其领土向另一个主权国家的渗透而逐渐减弱。

理论上，国家这一创新的目的在于减少暴力。你留在你的领土内，我留在我的领土内。明确的主权能够同时维持国内秩序并阻止外国侵略。当然，事情并非完全如此，州内和州际冲突仍时有发生。但这可能比之前国界模糊的帝国时代和主权冲突时代的情况要好得多。

封建制度是由马背上身穿闪亮盔甲、手持重剑的骑士捍卫的。

但枪支的出现改变了这一点。枪支减弱了身体素质差异的重要性。任何持枪的男人（或者女人，这很重要）都可以杀死其他任何人，即便枪手年老体弱，而他的目标是兰斯洛特爵士本人。

枪支动摇了封建等级制度。强大的右臂突然被强大的左脑所击败，因为生产火枪的技术和供应链突然变得至关重要。枪支促成了封建等级制向民族主义共和制的转变，并使美国和法国大革命的"共和"理想得以蓬勃发展。

今天，我们的武器是手机和计算机。无论是政治还是战争，都是从一台设备开始的。

我们心中对战争的想象来自历史频道。实际上，战争就像我们过去20年在互联网上看到的那样，充斥着恐怖主义、社交媒体、网络热梗、黑客、取消文化、平台封杀、去银行化和暗杀。这些就是互联网时代下的冲突。

这好坏兼备。好的一面是，它对财产和生命的破坏程度可能比导弹和核弹要小；但坏的一面是，战争前线无处不在，却又无处可寻。

> 反对技术就是站在历史的错误一边。就像你不能把妖精放回瓶子里一样，你无法剥夺数十亿人从技术身上新获得的话语权。

技术创新带动伦理创新。人性也许大致是恒定的，但技术却不然。新技术推动了对现有伦理原则的重新评估，有时甚至会促成新原则的建立。

"言论自由"在1776年的含义是一回事,在大众媒体高度集中的时代则是另一回事。在互联网时代,每个类型的数据都以类似言论的数字符号进行传输,"言论自由"又有着不同的含义。

道德创新也带动了技术创新。当日心说(把太阳当作宇宙中心)不再被认为是道德上的邪恶时,人们就绘制出了更准确的星图。随着时间的推移,这催生了海上导航、卫星和太空旅行等相关的技术。

> 技术决定了哪些小众的想法突然变得可行,以及当前共识中的哪些元素突然变得过时。

有很多激动人心的新兴技术和概念:比特币、以太坊和加密货币;创业城市;逆转衰老;脑机接口;超人类主义;机器人技术;数字游民;AI辅助内容创作,包括AI视频和去中心化视频;VR替代办公室;增强现实提高生产力;远程医疗;个人基因组学;CRISPR(成簇规律间隔短回文重复)基因编辑技术;健康追踪;纯粹的生物医学以及消费者生物医学,它们与量化的个人健康指标息息相关。金属3D打印则更有风险,但我认为情况正在逐渐好转。受到加密货币、AI声音和AI面孔助力的匿名体系也正在涌现。我认为我们将构建起一个完整的匿名经济。

我必须提醒自己,这些事情对于99%的人来说仍然是新鲜事。

验证这一点的方法是问普通人:"排名前五的 3D 打印机品牌有哪些?""排名前五的无人机品牌有哪些?"大多数人无法说出完整排名。也许他们可以举出一两个,但无法告诉你所有正在发生的创新,因此该领域仍处于早期阶段。

> 什么事大多数人还不明白且令人难以置信?
> 技术才刚刚开始发展。我们还处于指数增长的底部。

技术决定政治秩序

> 政治可行往往依赖于技术可行。

合法政府的设计空间比人们想象的要大。其关键要素是能够不断获得民众的认可和赞同,而不是某种特定的政府形式。

各种政治思想都存在于历史长河之中。但每种思想的技术可行性却在此消彼长。如今,在技术的推动下,那些不切实际的自由意志主义思想(扰沌、多中心法、蒂布特群分等)不仅变得切实可行,而且势在必行。

要落实新想法,达成共识不是必要条件,只是不能有太强烈的反对它的共识。最低限度的共识是必要的,你需要与某人有一致的信念,才能不拘小节地朝着你们共同的目标前进。

任何市长或州长都可以选择一项技术，突破旧法的限制，并向技术专家广而告之。数百个国家有着数千名市长。在他们之中，总有一位会选择率先普及某项新技术。每一项新技术都为世界名城的快速形成提供了一条新途径。

> 民主党人需要认识到专家并不总是正确的。
> 共和党人需要认识到专家并不总是错误的。
> 自由意志主义者需要认识到国家能够成功。
> 进步派需要认识到国家可能会失败。

我坚信遵守每一项法律的重要性，因为我们的头颅上方高悬着"达摩克利斯之剑"。但遵守并不等于屈服。你可以在法律范围内尽你所能去改变法律。

谷歌创始人兼计算机科学家拉里·佩奇曾表示，任何超过50年的法律都有重新审查的必要。任何在互联网出现之前制定的法律都需要进行重新审查，否则就会走向崩溃。加密货币就是典型例子。

如今，70岁的人正挥动着90年前的法律武器，来阻止20多岁的人使用21世纪的技术。

归根结底，你有时还是需要与政府合作。但你应该始终相信技术而不是政客，因为无论哪个政客在任，技术都是切实有效的。

当国家失去公信力时，它的软实力就会下降。人民对国家的尊重程度降低，意味着他们的自愿服从程度降低。那么，国家就只剩下硬实力了。国家使用强制性的硬实力越多,其拥有的软实力(说服力)就越少,这意味着它会更多地使用硬实力。这形成了一个负面的反馈循环。

> 政府不会自我限制。只有技术可以限制它。

从中心化到去中心化

> 社会在技术的驱动下经历着中心化和去中心化的循环。
> 去中心化的时代即将到来。

一件我学到的最有趣的事情是,20 世纪在很大程度上是中心化技术的产物:中心化的媒体(电影、新闻、广播)、中心化的军队(坦克、飞机、核武器),以及它们中心化的生产模式(工厂制造)。这些都是由极其强大的中央集权所控制的。可以说,20 世纪是中心化的世纪。

从技术决定论的视角来看,在 19 世纪 00 年代,协调加州和纽约的关系是很困难的,因为它们都需要一定程度的独立自治。这种情况在 20 世纪发生了变化,一个人的面孔可以向数百万民众传播,个人崇拜和人员的集中协调促成了全面战争。一个人即便是对的,也抵不过众口铄金。几十年来的经验显示,在许多地方,国家与群众唱反调就意味着自取灭亡。

20世纪70年代末，技术开始通过个人计算机实现去中心化，随后登场的是1991年的互联网，近年来出现的则是比特币。21世纪在很多方面可能与20世纪正好相反。

1950年是中心化的顶峰。在1950年，只有一家电话公司、两个超级大国和三个电视台，它们分别是AT&T（美国电话电报公司），美国和苏联，以及ABC（美国广播公司）、CBS（哥伦比亚广播公司）和NBC（美国全国广播公司）。它们都非常、十分以及极其地中心化。一切领域都只有几个瓶颈地带，人们几乎没有选择技术的余地，一切都同质化了。每个人都在电视上观看相同的节目。社会变得扁平化。

在这一时间点之前和之后，世界则显得更加去中心化。随时间线往后看，你将看到有线电视、互联网、博客、社交媒体和加密货币。而令人目眩神迷的是，当我们随时间线往前看时，就好像我们在倒带播放，过去的某些事件出现在未来，但出现的顺序是混乱的。

这是一个有趣的理论：未来即过去。

> 去中心化并不是万能的。
> 当过度中心化出现时，人们就会走向去中心化。如果过度地去中心化，人们就会重新走向中心化，但每次都会围绕新的中心集中起来。
> 因此，这是一个捆绑、拆分，然后重新捆绑的过程。

去中心化并不意味着没有领导者，它意味着有众多领导者可供选择。加密货币允许数百万人选择性地退出现有的金融和政治体系，进行自治和自决的大规模试验，即使这些人中不是所有人都意识到了这一点。去中心化使被管理者能够重新拥有表示同意的权利。

那为什么从长远来看，去中心化会获胜呢？现在，世界上有数百万开发人员和数十亿部智能手机，互联网对日常生活至关重要，而加密货币的构建目的是实现其国际化、私有化，并且使其在没有中心实体的情况下具有货币化能力。人们很难阻止这些去中心化技术的发展。

你可以把脸书的首席执行官召到国会，但你无法将"电子邮件首席执行官"召到国会，因为没有这样的首席执行官。这就是一切的发展方向。

> 审查制度激励了去中心化。

国家为孩子们提供每天 6 小时的义务教育。有趣的是，互联网占据了很多这样的时间，把这些时间从国家手中夺走了。孩子们可以使用笔记本电脑、平板电脑和手机进行自学，而不是接受国家的义务教育。

当孩子们在幼儿时期进入并参与不同的网络而非国家认可的网络时，有趣的事情发生了：他们融入了自己的社区和亚文化。如今，随着孩子的成长，国家对他们的控制力大大减弱。

你如果回顾俾斯麦建立公共教育的初衷，就会发现这实际上是为了培育那些"服从国家"的爱国者。这种文化适应的情况越来越少，因为孩子们在更年幼的时候就看到了拥有不同意识形态的人，这带来了许多有趣的中期后果。

同时，这种情形的缺点是显而易见的，比如孩子进行眼神交流的能力较差，因为他们整天盯着屏幕。事实上，也许他们的眼睛再也无法进行中等距离的聚焦了。孩子们很难专注于书籍并进行深度阅读，因为他们经常被推送的通知和消息分散掉注意力。

当然，这样的好处是他们可以随时免费获取海量的知识。他们如果确实擅长数学或计算机科学，又或者对其他学科感兴趣，就可以在网上找到志同道合的群体。他们不必被迫在现代美国公立学校度过12年千篇一律的、近似坐牢一样的生活，他们可以进行自我教育，实现自我进步和提升。我认为，很多孩子会在更早的年龄就开始远程工作。我们肯定会见证20多岁的亿万富翁的诞生。或许，一位青少年亿万富翁很快就会崭露头角，如果现在还没有的话。

我认为，技术进步总体上是积极的，尽管我们需要想办法消除其弊端，让它变得更好。

> 总之，技术带来了更多的好处，也带来了更多的坏处。这就是我对未来的一句话总结：好处更多，坏处也更多。

第三章
我们的数字化未来

从实体到数字化,再到数字原生

我们经历了从使用纸张到使用扫描仪/打印机/传真机,再到创建和拥有没有物理实体的纯数字文件的过程。我们可能会从拍摄电影转向由计算机生成图像(CGI),再发展至无须由人类进行线下拍摄,完全由计算机生成视频。我们可能会从使用现金转向使用网上银行,再转向使用数字化的加密货币。

对于许多领域来说,这是一个值得思考的发展进程,因为你会发现在本质上就是数字化产品的事物尚不存在。在过去的20年里,我们所做的只是将现有事物的线下版本上传到云端。

随着基础媒介的变化,形式也会发生变化。搜索引擎和社交网络符合数字原生的概念,它们无法离线存在。还有许多其他概念,其数字原生和加密原生的对等物尚不存在。文凭的加密原生对等物是什么?加密艺术是什么样的?数字登录和数字身份在本质上到底是什么?这些问题的答案正在向我们走来。

同样,过去几年每个人都在谈论机器学习和AI,就好像它是一个新事物一样。而早在15年前,斯坦福大学就开发了这项技术。可见，创新的发展和扩散需要时间。

尤塞恩·博尔特跑得比一般人快两倍。一种算法的计算速度可能是另一种的 1 000 倍。数字世界中的尺度差异与现实世界中的不可同日而语。

区块链的颠覆性

加密货币将颠覆科技，就如同科技颠覆了其他事物一样。虽然存在概念重叠，但加密货币实际上是一个不同的领域，在组织如何构建、如何盈利，以及如何退出的基本层面，都是不同的。就像云端和移动转型一样，加密货币也需要几十年的时间才能完全发挥作用。

这场自下而上的、令人难以置信的革命展示了计算机的力量。中本聪改变了世界金融体系，建立了一种新的数字储备货币。他依靠正确的理念，仅用一个键盘就改变了达沃斯精英们的思维。

> 如果比特币不存在，我对未来的看法将悲观得多。

"电子货币"和"数字货币"这两个术语比"加密货币"要好得多，因为它们可以快速传达加密货币的内涵。正如电子邮件不再需要使用邮票一样，电子货币也有望消除交易费用。

如果互联网是可编程通信，那么加密货币就是可编程货币。在互联网出现之前，你需要与电信公司达成协议才能部署信息传输代码。在比特币出现之前，你需要与银行达成协议才能部署价值传输代码。

加密货币带来了新的交易类型：极小额的、极大额的、极快的、高度自动化的和/或高度国际化的。

那些说"加密货币只是另一种资产类别"的人就像说"互联网只是另一种媒体渠道"的人。他们不理解可编程性、无需许可性或点对点的概念，并且高估了传统机构的稳健性。在加密货币领域，历史正在重演。

加密货币不只是一种资产类别，因为它改变了稀缺事物的托管、交易、发行、治理和可编程性。它是一个新的金融体系，而不仅仅是一些股票代码。

互联网囊括了电视、广播、报纸、电影等媒介，创造了新的媒体类型。加密货币同样将囊括股票、债券、商品，并创造新的资产类型。

加密货币关乎数字产权。一般情况下，你拥有自己的社交媒体账户。一个社交媒体平台可以不经过正当程序就封锁你的账户，就像银行可以随意扣押你的钱一样。今天，区块链可以保护你免受银行的侵害；明天，它将可以保护你免受社交媒体平台的侵害。

> 区块链为新的数字产权理论提供了技术基础。

人们将从互联网网红转变为加密货币的创造者。二者的区别在于，加密货币创造者对其创建的内容拥有产权。如果你没有某物的私钥，你就不是真正拥有它，就像你的社交媒体账户一样——你只是有条件地访问，它可能会被人夺走。

当特朗普被推特封禁时，无论你的想法是什么，未来的历史学家都会将其视为一个经典时刻，在这一时刻，"世界上最有权势的人没能成为他自己国家里最有权势的人"。这表明，没人可以真正拥有他的社交媒体账户。

要成为真正的创造者，你必须成为加密货币创造者，而不是网红。它们之间的巨大鸿沟源于数字产权。

对于社交媒体上的数十亿人来说，这解锁了巨大的可能性。脸书有30亿用户，但没有用户能控制任何数字产权。你的社交媒体不仅仅是你发的推文或帖子，更是你与朋友和粉丝的关系网。这代表着当你未被优兔大幅克扣收入或未被其封禁时的赚钱能力。为什么社交媒体平台可以让你噤声，或者随意扣押你的资产？

改变可能需要 10~20 年的时间，但随着区块链的发展，每个中心化的服务都可以演变为去中心化协议。时代变了，协议的经济条款也在变化。人们逐渐意识到他们缺乏掌控权，也没能拿到合理的分成。

> 加密货币的出现对于科技行业而言是一次脊髓移植手术一般的重大变革。

磁盘上→互联网上→区块链上。区块链上是第三层部署。你私人的文件会被保留在本地磁盘上。对他人很重要的文件会被放到互联网上。对其他人"特别"重要的文件将被放到区块链上。

当你把信息放在互联网上时，你能获得分发、共享、协作等权利。当你把它放在区块链上时，你能享受到区块链的不变性、可验证性、货币化等属性。并非一切事物都适合放在区块链上，就像你不会把所有东西放在互联网上一样。链是网的更强版本。它减少了链接失效、秘密编辑、停机、格式过时、防火墙等众多问题的影响。

区块链还可以就以下问题达成分布式共识：作者是谁？协议签署者是谁？什么时候签署的？签署内容是什么？

在接下来的10年中，金融家和工程师将越来越多地使用链上数据，因为它会被传送、运用到每一份智能合约中，而智能合约又是加密经济中每个投资决策的基础。加密经济在全球经济中所占的份额会越来越大，因为在所有的价值都数字化后，全球经济终将成为加密经济。

> 上一个时代是大数据时代。下一个时代是可验证数据时代。

用于创造一致性的技术

一致性（alignment）是一个基本概念。一致性对于我们未来想要构建的社区和结构至关重要。我认为一致性必须是可量化的。加密是一种用于创造一致性的技术。

人们还不明白的一件事是，加密技术不仅是下一个"华尔街"，也是下一个"硅谷"。去中心化的社交网络已经构建起来了。

更不明显的是，加密技术将成为下一个耶鲁大学法学院、哥伦比亚大学新闻学院和哈佛大学肯尼迪政府学院。为什么？因为耶鲁大学法学院将被智能合约取代。哥伦比亚新闻学院将被加密事件信息流取代。

哈佛大学肯尼迪政府学院将被取代，因为下一任国家元首将是网络首脑。创建和运营这些巨大加密网络（有时价值数十亿甚至数万亿美元）的人，其地位即使比不上美联储主席，也将比肩一个联邦储备银行行长。

他们通过创建事物获得了这样的地位。这些创始人与选择加入他们的网络、成为其网络的一部分的用户保持一致。可量化的一致性是确保领导者坚守为全体人民提供帮助的道德方式。

如果发生了"一致性"运动会怎样？如果世界上所有爱好和平的人民都能够有效地团结起来，支持用于创建真正法治体系的加密协议将会如何？此类协议将提供言论自由和契约自由，确保合同能够跨境生效，所以你知道你不会被骗。你将了解你的交易伙伴在国际贸易中的声誉。

对教育来说，我们可以创建一个相当于链上哈佛大学的机构，为其学生颁发加密证书，但不收取任何费用。它不会继承大学原有的排他性，但会更加精英化。

> 加密技术使得没有公司存在的自由市场成为可能。

当比特币市值达到 1 000 亿美元时，它是一个产业；达到 1 万亿美元时，它是一股世界级的力量；达到 10 万亿美元时，它将成为许多人预言中的全球政府，只是形式与现在的政府截然不同。如果比特币真的能达到 10 万亿美元的市值并保持在这个水平，它将成为一股限制所有国家的力量。

公司可以发行新股来促进公司成长，但如果发行过多，投资者就会选择持有现金。国家可以印制更多纸币来促进经济增长，但如果印制过多,投资者就会转而持有比特币。

为什么比特币值得信赖?因为你可以找出代码库里每一行代码的编写者、编写时间、编写地点和编写原因,这比我们日常使用的其他财务系统要透明得多。

从长期影响来看,加密货币可能会从根本上降低金融业的利润。现有的金融系统有取现手续费、透支费、电汇手续费、贷款手续费,以及零售层面和投资层面的各种费用。

如果制作一张列有金融领域各项费用的表格,看看其中哪些费用在 20 年后依然存在,将是一件很有趣的事。有多少利润将被挤出金融领域?可以想象,我们会像对待通信网络一样对待金融。

届时,那些真正创办企业、做有价值事情的人将会获得更多利润。未来的财富可能只能通过资助或建立初创公司来创造,这需要几十年的时间才能实现。加密货币与金融服务之间的经济逻辑类似于互联网与电信。

> 到 2040 年,30 岁以下的人都将对没有比特币的世界感到陌生。比特币将会像黄金一样,这种替代就是加密货币产生的长期影响的一个例子。

数字边疆

1890 年,美国官方宣布"边疆关闭"。1991 年,另一边疆在虚拟世界中开启。不同的是，这条边疆不是美国人专属的，任何拥有键盘的人都可以开拓它。事实上，它的大多数开拓者都不是美国人。

20年来，数亿人眼观和耳听的对象，已经从纸面转移到可移动的可编程屏幕上。人们可能身处不同的国家，但思想却因共同的兴趣和信仰，在网络社区中联结在一起。

有一种看法是，线上的思想迁移最终将导致线下的物理迁移，其中间形式很可能是虚拟世界。

理论上，像 Six Degrees 这样的社交网络早在推特或脸书诞生之前就已存在。实际情况是，没有个人资料照片，就没有人际关系。同样地，人们还无法真正感受到在线人群的规模。一旦大多数人拥有了 VR 头戴设备，情况就会不同。

很多人花在电脑或手机上的时间已经超过了任何其他活动。尤其是智能手机，它使得人们的上网时间占比有了质的飞跃。VR 很可能会带来类似的飞跃。

即使没有 VR 头戴设备，我们也可以展开想象。首先，我们可以拥有互动性极高的在线商店，其具备在线购物的可搜索性和便利性。将人们喜欢的购物中心放入 VR 中，我们就可以实现点与点之间的瞬间移动、搜索、即时结账以及用加密货币进行全球支付。其次，我们可以将任何在线论坛放入 VR 中，例如，车迷们可以在论坛里讨论他们最喜欢的汽车的交互式 VR 模型。

总而言之，有了 VR，"开疆拓土"的隐喻变得更加真实。我们可以构建兼具线上和线下特征的平台。

> 网络世界中的数字全球主义者,现实生活中的本土主义者。

想象一下,将现实中的美国与数字世界中的美国分离开来。从这个角度看,现实世界的很多方面都运转不良。与此同时,数字世界的一切则"运转正常"。如果真的可以做选择,大多数人都会选择数字化的选项。

在过去几十年里,在美国,"亲临现场"的工作和生活方式,很大一部分已经被数字化方式所取代。新冠疫情和远程工作加速了数字化生活,并进一步降低了"亲临现场"的价值。云端正在成为人们的主要阵地,土地则成了次要的。

考虑以下选择:

(1)生活在现实中的美国 + 数字化的美国。
(2)只生活在现实中的美国,但没有互联网。
(3)只生活在数字化的美国,但现实中本人不在美国。

我的看法是,现在有更多的人会认为(3)优于(2)。这意味着美国的大部分价值主张已经转移到云端。这是最近才出现的现象。例如,在1990年,你无法"生活在互联网上",这件事在2000年美国的一些地区勉强可以实现,到2010年仍然很困难。而现在,数字化的美国无处不在,因为互联网无处不在。

> 有了互联网，人们就可以对抗那些看似无边无际、难以抗衡的事物。无论好坏，我们都会看到更多像斯诺登、阿桑奇、威尔逊和中本聪这样的人出现。

一切价值都在数字化

所有财富都在数字化。万物都变成了一组数字指令，由打印机或机器人执行后，作用于现实世界。亚马逊 Prime 会员、一件代发、食品配送、拼车等服务都涉及一个数字化的前端和一个人工的后端。

随着时间的推移，越来越多的组件正在实现自动化，所以后端也随之数字化。AI 和虚拟网红就是两个很好的例子，人类后端对它们而言变得不再必要。

> 即使商品本身无法数字化，它们的网络接口也将会是数字化的。

放眼未来，你会发现，到 2050 年，仅仅擅长软件架构可能就足够了，因为许多实体生产活动将通过机器人技术实现自动化。

所有财产都将数字化，因为很多现实世界中的活动会像打印的过程一样，通过数字化的指令和自动化的设备来完成。现在在一张纸上打印出数字化的文档很容易，但你可以思考一下机器人如何把外卖送到你家门口。目前,一些食物准备工作已经实现了自动化。在配送方面,我们有了自动驾驶汽车和人行道送货机器人。可以想象,未来整个食品制作和配送过程将完全自动化,全部由机器人完成,这将是一个机电过程,无须人工干预,就像打印的过程一样。

我认为,在未来,大部分价值将在互联网上被创造,然后人们通过调用机器人将其"打印"出来。机器人技术现在正在默默地发展着(尚未引起我们的充分关注)。在 21 世纪 20 年代,我们将在各个领域中看到更多机器人得到应用。这会很快实现,因为一旦机器人可以执行某项工作,劳动力就将转化为资本。

所有的劳动力都可以转化为资本。在这种情况下,真正擅长工程技术的人会获得越来越显著的杠杆优势。我刚刚描述的机器人的应用场景不仅仅适用于食品配送,也适用于战争、农业和制造业等。真正擅长软件架构的人将不断获得复利回报,这至关重要。

我越来越多地把现实世界视为数字财富打印输出的产物。问问你自己:按个按钮可以做到什么? 2010 年时,我们按个按钮也许能打印一份 PDF 文件。到了 2020 年,我们按个按钮可以实现任何物品的配送。到 2030 年,也许我们按个按钮就可以制造任何东西。

在加密领域,金融系统中的许多劳动力正在通过智能合约和数字签名实现自动化。由于所有财富都将数字化,在未来几十年里,所有财富都将被加密——不光是货币、贷款、股票、商品、艺术品和电子游戏道具,而是所有类型的人类财富。一切都将原生数字化,成为机器人"打印机"的输入数据。

第四章
我们的物质未来

自动化的繁荣

无人机的地位将变得举足轻重。无人机有很多种，不仅有会飞的无人机，还有会游泳的、会行走的无人机等。想想这会对建筑行业产生怎样的影响。

无人机将不仅具有自主性，还能够承载人的意识，使人可以操控远在世界另一端的事物。也许你可以先将其设置为自动模式，让其先到达目的地。等你一觉醒来，就可以操控它，对它进行更精确的控制。

一部名为《未来战警》的有趣电影探讨了存在大型无人机或者遥现技术（telepresence）的未来会是什么样子。在这部电影中，人们从不离开自己的家，而是将自己的意识连接到一个非常漂亮的机器人或遥现版本的自己上，然后用它来活动。如果他们被车撞了，没关系，因为他们可以制造新的无人机，重新恢复生机。无人机的影响力被严重低估了。

> 每当有人与人之间的接口被人与机器之间的接口所取代，社会地位相对于技术能力的重要性都会减弱。

我时常认为，最基本的定价方式也许是依据能量定价，以焦耳为单位。在组装一部手机时，从地下开采材料并将其塑造成相应的形态，需要耗费多少能量？

了解建造某物所需的焦耳数可以让我们对生产成本进行等比例衡量。这种"真实"的价格体系将使我们能够将通货膨胀和补贴等因素与制造的实际成本区分开。如果在20世纪50年代的美国生产某种产品需要花费1000焦耳的能量，而今天只需要花费100焦耳的能量，那就是一种进步。你可以深入制造过程内部，找到进步发生的确切位置。（大的突破可能源于类似哈伯法这样的发现或发明。）

对人力进行定价也许最为棘手。两个拥有不同技能的人可能都只消耗了一个三明治的能量。对于已经自动化的流程来说，依据能量消耗来定价是合理的，因为在这些流程中，实体商品是在"稳定状态"下被大规模制造出来的。

20世纪最具决定性的工业创新是流水线。对于21世纪而言，可能是工业机器人技术。借助工业机器人技术，管理变成了代码的自动运行。

工厂使用机器人已经有一段时间了，但机器人技术的进步使得整个设施的自动化成为可能。即使是目前需要极高手工灵巧性的任务也将很快由机器人来完成。

这将产生重大后果。抛开其他不谈，管理活动代码化后将变得切实有形。很快，流水线的管理者就能用可编写脚本的机器图像取代员工培训和流水线配置架构图，并根据协议而不是内部备忘录进行思考。

管理者的沟通任务现在变成了记录在 git 日志和数据库条目中的程序。管理者与工人的边界逐渐消融，流水线变成了由管理者以代码形式下达的指令编写的机器人工厂。

这意味着工人数量大幅减少，也代表着其他限制大幅减少。无论好坏，雇用法条款不适用于机器人，后者没有工时、最低工资法、集体谈判协议或退休年限的限制。当没有工人时，美国职业安全与健康管理局（OSHA）对工作场所的监管权力就会急剧减弱。

这种情况令人担忧，不仅对已经陷入困境的美国工厂工人来说是如此，对在富士康等可能被机器人取代的中国公司的工人来说，也是如此。随着这一技术趋势的加速发展，生产产品的资本需求将急剧下跌。运营一家小型机器人工厂将会像运营自己的数据中心一样，完全在个体企业家的能力范围内。

通过自我监测实现永生

> 全民医疗保健还不够，我们需要永生。

我们不知道自己的身体内部、皮肤之下正在发生什么。虽然我们知道班加罗尔或布达佩斯正在发生什么，但不知道自己身体内部正在发生什么。我们能获得来自世界另一端的信息，却不了解几厘米下的身体内部的情况。这实际上是人类知识版图上一个令人震惊的空白点。

早在20世纪90年代，我们就有了迷路的概念。如今你不会再迷路了。有了GPS（全球定位系统），你可以随时知道自己的位置。在未来，你也许可以随时了解自己身体内部的状态。

医疗保健与健身的不同文化模式发人深省。二者在个人责任与机构责任方面几乎是背道而驰的。

我们将医疗保健视为一种机构责任，但医生只能陪伴你30分钟，而你一直与你的身体形影不离。如果你向一位医生展示你从互联网得到的数据，那么你要么是对的（这削弱了医生的权威），要么是错的（显得你很无知）。无论如何，你进行自我保健的积极性和主动性都会受到抑制。然而，即使是非常专业的医生也无法替代自我保健。

这很有趣，因为我们公认，我们要对个人健康负责。私人健身教练最多算是一个帮手。

我们也许会发现，基于自我监测、个人基因组学和健身的自我保健才是真正的灵丹妙药。健身是自我保健一个很好的切入点，从长期来看，你可以选择将你的个人数据与广泛的临床数据相结合。

自我监测不是"$n=1$"的小样本科学，而是"$t=$无穷大"的大时间跨度科学。这产生了空前丰富的个人健康数据。聪明的食品公司将利用这些数据来向人们提供个性化的营养方案。

你的身体，你做主。如果你可以合法跳伞或蹦极，可以冒着生命危险参军，那么你也应该能够承担任何自己的健康风险，自由冒险。这意味着我们需要获得尝试国内外全新的药物、治疗方法和途径的更多权利。当然，医学实验比蹦极或跳伞更有益于社会，因为后者只有风险，没有回报。

> 自我监测可能会最终解决所有的营养学争议。

当你吃东西时，食物实际上融入了你的身体。如果社会在这方面更明智些，你或许能够追踪到它。当你吃了一块鸡肉或一片生菜时，那些脂质、碳水化合物、蛋白质到底去了哪里？它们会被分配到你的眼睛吗？它们会扩散到你的全身吗？它们会聚集在某些特定的部位吗？

你之所食即为你。食物正在重建你的身体。一些有趣的研究正试图追踪各种食物最终沉积在哪些身体部位。这是遗传学、药物基因组学和营养基因组学等领域的交叉部分，涉及生物化学以及代谢知识，它研究的是你的身体对摄入食物的反应。例如，你可能是咖啡因或酒精的快速或缓慢代谢个体。

> 思考那些常在闲聊中被提及、未来将被数字化的事物是很有趣的。"我感觉不舒服"便是一个重要例子。

未来的历史学家可能会注意到，如今是糖、咖啡因、阿片类药物和社交媒体的时代，就像我们的过去一定程度上是由尼古丁和酒精驱动的一样。也许每个时代总有一种风靡一时的药物，即使我们没有察觉到。

在过去的五六十年里，餐厅文化已经变得越来越主流。我们已经从家人做饭（为我们提供食物的人也是照顾我们健康的人）的模式，转变为将所有营养供给外包给那些与我们利益诉求不一致的资本主义实体。

这就是为什么糖分过多的、不健康的食物大行其道。它们经过精心设计，味道鲜美，让你想要吃更多，并倾向于买更大份。然后你就会患上糖尿病或代谢紊乱。查一查肥胖流行的情况吧，这很可怕，因为它看起来和真正的流行病没什么两样。

一家经营不善的餐馆会开始在食物中添加糖和其他添加剂，因为顾客喜欢这些东西。但这是一种短期的、不平衡的优化。

就像可口可乐公司曾在可乐中加入可卡因一样，如今我们会认为："哇，这太糟糕了。"但近年来，当人们在酸奶中添加果浆时，我们会说："哇，它卖得真好！"将来，当每个人都有持续血糖监测仪时，我们就能看到我们一直在经历的血糖飙升。

届时，我们会把这段时期（糖存在于一切食物中，人们一日三餐都吃糖，孩子们把糖当零食）视为在消费品中掺入毒品的时期。

过量的糖分是现在人们如此肥胖的原因，也是糖尿病如此流行的原因。糖会扰乱你的肠道微生物组并导致其他健康问题。想要摆脱它是非常困难的，就像二手烟一样，糖几乎存在于一切事物中。

你必须付出努力才能做到不吃糖。

有趣的是，最有营养的食物（生菜、西红柿、水果等）上面却没有标注营养成分表。这是因为想要得出其复杂的营养成分，必须进行一些化学实验。

> 如果日常饮食可以使你的睡眠需求减少，那就有趣了。已有的先例是，现代饮食已经使我们的身高永久性地增高了。

想想那些"三年来我每天都给自己拍一张照片"的视频。简单的视频自拍照可以成为健康追踪的诊断工具吗？关键是从每天拍摄的高清面部视频中，你可以获知多少健康信号，包括心率、黄疸、体重指数以及更多可能的指标。

我们可以称这种设备为"魔镜"。早上照照它，它会告诉你"你看起来病了"，并说出原因。将魔镜视频与其他自我监测数据（如营养和健身追踪器的数据）相关联，你就能得到有说服力的指示："如果你这样做，你的身体看起来就会像这样。"

从本质上讲，魔镜可以用个性化的"前后对比"案例，来直观地展示健身和饮食变化对你的健康和外表的影响。

不是延长寿命，而是延长青春

消除死亡应该是技术突破的当务之急。我们现在知道，逆转衰老在技术上是可以实现的。

当你处理汽车等机械设备时，你可以计算每个部件的故障率。有些车很幸运，从未经历过任何故障。极少数汽车能达到50年或100年车龄且无须维修，因为故障不会累积。在偶然情况下，一辆车也许能够使用很长时间。

人类则不同。120岁时，人类的身体机能会急剧下降。如果人类身体像汽车那样出故障，有些人能活到1 000岁。但现实是，人体的衰老是一个可预测且协调一致的过程，随着年龄增长，人会以相似的方式变得气色衰败、身体肥胖。现在有大量证据表明，衰老实际上是一个被触发和协调的事件。就像你的基因决定了你会从婴儿成长为成年人一样，基因也决定了你会死亡。也许我们可以阻止这个过程。事实上，人们现在正在努力达成这一目标。

> 要么研究出延长寿命的方法，要么死在研究的路上。

"延长青春"可能是一个更好的术语。许多人认为延长寿命只是意味着可以作为老人多活几年。但如果我们能够从生理学角度让你保持在20多岁的状态，甚至让你重返20多岁，那就大不一样了。

当我说"我想要延长寿命"时，一些支持全民医疗保健的人会回答说："这是不切实际的。我们做不到。"他们没有抓住重点。延长寿命的最终目标只是将某人的寿命从75岁延长到78岁吗？还是积极地增加每个人的生命长度，同时提升其生命的质量？

其中的寓意很明确：如果你反对延长寿命，你就是希望所有人死亡。我们能打赢这场道德战，反对者不得不退让。如果你支持全民医疗保健，那么你最好支持延寿技术及其研究。

过去10年，关于衰老的分子生物学研究取得了巨大进展。哈佛医学院的辛克莱教授有句名言："如果及早发现，衰老可能是可逆的。"最终，我们会希望尽可能频繁地监测甲基化或类似的衰老生物标志物。由此，你将能够发现自己衰老得更快或更慢的月份。

> 长寿之于传统医学就像加密货币之于传统金融。它改变了讨论的范围。

长寿这一概念否定了传统医疗体系最基本的前提，即死亡是不可避免的，甚至是值得经历的。它将整个生物医学技术体系引向了一个新方向。出于伦理道德方面的考虑，为了建立尽可能广大的支持联盟，普及延寿技术是非常重要的。

我们应该优先考虑这项技术，因为寿命的延长使得一切都变得更便宜。如果某件商品过去售价100美元，现在售价1美元，那么该商品消耗的你生命的时间就减少了99倍，因为那100美元或1美元是你通过在工作中出卖你的时间来获得的。例如，此前你花费了生命中的100分钟来获得这一价值，如今只花费了1分钟。延长寿命或逆转衰老就是减少稀缺性，它将充裕的时间归还给每个人。

如今，延长寿命在技术上应该是可行的。人们还没有意识到这件事。逆转衰老是可能的，且已经开始在老鼠身上实现了。

几乎没有人会享受衰老，对吗？延寿产品将是有史以来最受欢迎的产品之一。

超人类主义：利用技术自我完善

超人类主义的目标很简单，就是成为绝对最好的自己。我认为 5~10 年内所有技术都将聚焦于此。

超人类主义是指人类利用技术实现自我提升。这是一个非常广泛的领域。超人类主义包括自我监测、外部设备（如手机、手表、眼镜、耳塞、隐形眼镜）、身体改造、超级士兵血清（查看肌生成抑制蛋白的缺失情况）、脑机接口（如 Neuralink 公司）、益智药物和其他认知增强药物（如电影《永无止境》中的那种药物）、针对遗传疾病的基于 CRISPR 技术的基因改造，以及经由 AI 增强的人类能力（仿生学、遥现技术）。这些在本质上是一套为人类赋能的技术。

即使我们只能实现其中的一部分，并将其应用到数百万人身上，也将会产生巨大影响。其影响将是发明眼镜所带来的影响的 1 000 倍。然而，超人类主义遭到了反对者的抵制，他们担心人类发生任何变化，无论这种变化是好是坏。

我秉持的是"乐观主义"，即以客观的方式改进事物，既不过度使用技术，也不过少使用技术。火可能太猛烈，也可能太微弱。我们希望使用足够的火来取暖和烹饪食物，不要少到我们被冻坏，也不要多到烧毁房子。

人类一直以这种方式与技术共存。可以说，火造就了如今的人类。理查德·兰厄姆的《生火》（Catching Fire）一书描绘了火的发明如何让人类改变了获取和处理食物的方式，这相当于借助火的作用在人体外完成原本在人体内部进行的新陈代谢工作，从而为大脑发育分配更多稀缺的热量。这放松了进化的限制，使我们变得更聪明、更像人类。在整个进化时间尺度上，我们已经与技术共同进化了很长一段时间。技术实际上造就了人类，并使我们与动物相区别。

> 简单来说，如何先让个人升级，然后让群体升级，最后让整个人类升级，就是我对世界的看法。

我设想的未来比当下要好得多。好多少呢？想想我们与饥饿的中世纪农民或建造金字塔的奴隶之间的差距。未来的人类看待我们如今的生活条件，就像我们看待那时的生活条件一样。**这些飞跃性的进步可以一直持续下去。**

我们可以不断提升。人类足迹从非洲扩展到全球，海上航行让我们跨越重洋。造出潜艇后，我们便可以潜入水下；发明飞机后，我们便可以在天空中翱翔。这是过去的超人类主义。这些机器都增强了人类的能力。

我们眼下的限制也将消失。我们能够触摸星辰，能够在水下生活。接下来还会发生什么？

PART TWO
TRUTH

第二部分

真相

真相大多不流行,
流行大多非真相。

第五章
真相的类型

你追求真相、健康和财富,这个顺序也是正确的优先顺序。例如,你永远不会想为了赚钱而去做一些弄虚作假的事,或为了财富牺牲你的长期健康。首先要学会确定何为真相。然后要追求健康,因为没有健康你将一无所有。接下来才轮到财富,它位列第三——尽管拥有它也很重要。

> 大多数人勤于社交,只有少数人在钻研和提升技术方面下苦功。

别人认为某件事是真的,它就是真的吗?还是说,不管人们怎么想,它都是真的?

区分社会共识和真相非常重要,因为它们是不一样的。我们常常会基于社会共识来判断某事是否为真。

你可以从两个极端的角度来看待事实:政治事实和技术事实。如果有足够多的人相信一个政治事实是真实的,那么它就是真实的,例如总统是谁或国家边界在哪里。这其实是一种心理现象。如果你能在足够多人的大脑中安装软件,你就能改变这些社会共识。

而另外一些事情是纯粹的技术事实。技术事实是方程的解或电子显微镜下病毒的直径，它是物理常量的结果。人们的想法不会改变技术真相。物理事实独立于任何人类个体，就算是外星人也会得出同样的结论。

> 确定人们接受的证据类型与了解他们的动机一样重要。
> 有些人接受数据，但很多人只接受流行度。

理论上，我们都可以只相信计算机科学。实际上，那些不会写代码的人会求助于计算机科学家。让寻找真相的方式去中心化意味着让尽可能多的人能够自己通过计算和分析来得出结论。

科学真相

> 如果一件事不能够被独立复现，那么它就不是科学。

我们的社会标榜以科学为基础。作为一名学者，我看到了科学研究的运作过程。抽象意义上的科学被认为是依照以下方式运作的。出现了某种现象，你开始研究它，然后写了一篇论文，论文经过了同行评议，被发表了出来。论文成果被新闻媒体报道，然后被用作监管的依据。监管机构会引用这篇文章，如果被施压的话，还会引用支持该文章的其他论文。这就是所谓的"以科学为基础",这就是整个流程,看上去很合理。

问题在于,科学的形式和实质被混淆了。如今科学的**形式**是经过同行评议的期刊论文,但科学的**实质**是独立可复现性。

人们把真正的科学(如麦克斯韦方程组)和"科学"(如上周发表的一篇论文)混为一谈。麦克斯韦方程组已经被独立复现了无数次,而上周发表的那项研究甚至可能还没共享过研究数据集。然而,我们作为社会整体,就该根据这一项新研究做出重大决策吗?

许多人认为"同行评议"意味着"对结果的独立可复现性的确认"。同行评议的结果通常是,领域内的几位同行针对论文写一篇电子邮件长度的批评,并要求论文作者做更多的工作,整个评议过程通常会拖延数月。同行评议并不是万能药。

为什么独立可复现性如此重要?因为科学并不是名牌大学里的权威人士在权威期刊上发表几篇文章,并获得权威媒体的转载。科学的本质是独立可复现性。

权威机构中的一些人非常聪明、勤奋,且有能力发现新事物、构建功能性产品。但总体而言,用声望**代替**独立可复现性并没有给我们带来什么好处。

当中央集权机构变得过于僵化时,去中心化将成为文明的开伞索。马丁·路德用它来论证"个人与上帝的关系",使人们不再需要作为中间人的教廷。乔治·华盛顿、中本聪也曾使用过它。

鉴于许多依靠直觉得出的结论都被作为科学推销给了大众,独立可复现性对于科学来说就是这样一条开伞索。**我们应只将那些可**

被独立验证的事情视为科学真相。

美国战后建立的研究机构现在已经过了鼎盛时期，它成了解决学术领域就业问题的机构。你可以在 h 指数之类的东西中看到这一点。如果你至少有 h 篇论文，每篇都被引用 h 次以上，则你的 h 指数的值为"h"。所有学者都在优化他们在高影响力期刊中的论文被引量，但科学中真正重要的并不是被引量。再次强调，独立可复现性才是最重要的。

独立可复现性的指标是什么？其驱动因素在哪里？这些因素肯定不在学术圈中，因为复现一个结果不会被认为是新颖的、可发表的或值得资助的。事实上，复现一个结果通常被认为是恶劣的，这就是为什么我们会面临学术复现危机。在此趋势下，科学真相逐渐被重新定义，人们开始更看重"同行评议"，而不是"独立可复现性"。

> 想象一下，如果我们的评判指标是可独立复现的数量，而不是引用次数，会怎样。

在过去的几十年里，开源和加密领域在持续酝酿学术研究机构的替代方案。如今，科学知识的流通受到高价期刊的限制，许多学生和研究人员无法负担那些建立了付费墙的学术期刊和书籍的费用。

Sci-Hub 网站的目标是提供免费且不受限制地获取所有以期刊或书籍形式发表的科学知识的途径。我对加密型 Sci-Hub 的可能样貌做了很多思考。它可能会调整激励措施，以便出版商在线上开放所有论文的同时也能赚钱。我完全赞成尽可能地调整激励措施，如果能做到这一点，我们就能从根本上解决问题，因为整个社会都是建立在"科学"的基础之上的。

为什么有这个规定？因为科学。为什么要这样做？因为科学。究竟什么是所谓的科学？其中一些是"科学"，也就是上周发表的某些愚蠢的研究，而另一些是真正的基础科学。人们总是将二者等同，即使它们截然不同。

理解上述差异的方法是进行大量独立的复现。如果我们的数据存储在链上，这将变得可行。

> 所有统计数据都是从原始数据表的数值中提炼出来的。你应该索要那张原始数据表。

科学的进步之处在于，其通过隔离关键变量，将我们认为不可复现，因而不可预测的现象转变为可复现、可预测的系统。人类理解细菌会引起疾病的过程，就是一个很好的例子。

科学也通过改进仪器和记录方法而取得进步。星图使得天文导航成为可能。格雷戈尔·孟德尔对豌豆植物的仔细计量催生了现代遗传学。约翰·巴耳末对氢原子发射光谱精确间距的记录引出了量子力学。我们原以为超出人类认知范围的事物——星星、基因组、原子——变成了我们通过简单计算就能理解的事物。

我钦佩拉马努金。我钦佩费曼。这些伟大的数学家和物理学家能够看到别人看不到的东西。他们仅仅通过记录观察结果，就实现了科学上的巨大飞跃。

在创业时人们常说，重要的不是想法，而是执行力。这只适用于琐碎的想法。对于像麦克斯韦方程组和牛顿定律这样伟大的想法，其本身就推动了人类进步。

有时你看到了现象，但不明白其背后的理论。这会刺激理论的进步，因为有了找出事物实际运作的原因的动力。例如，人们首先设法让蒸汽机运转起来，然后才从中发现了热力学理论。实践往往引领理论的发现，而不是反过来。我们理解能力的局限性更像是一种缺陷，而非一种特性。

> 我发现，技术能力的缺乏与对社会权威的无知轻信之间存在很强的相关性。唯一真正的权威是原始数据。

技术真相

技术真相（如遗传学、数学和生物化学等）是真实的，即使没有人相信它们是真实的。它们独立于人们大脑中的内容而存在，例如，这种病毒是由什么组成的？会蔓延吗？这种药物能起作用吗？

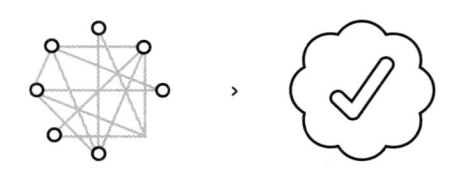

数学证明比社会证明更有力。

乍一看，这似乎是一个微不足道的、奇怪的说法，但唯一比科学更权威的就是数学。人们通常不会将二者相提并论，但我认为数学比科学更伟大。从某种意义上说，数学是精确的，而科学是近似的。

数学在另一个方面比科学更伟大，那就是独立可复现性。期望每个人家里都有斜面、反应堆或化学装置来复现一切实验是不现实的。科研设备很昂贵。人们应该如何独立复现研究结果？他们没有齐全的科研设备，但你知道他们有什么吗？计算机。计算机是数学设备，每秒可以进行数十亿次计算。

因此，即使你无法复现实验，只要原始数据被放到了线上，你就可以使用原始数据集复现所有计算。这很有意思。

自然现象是去中心化的。任何人都应该能够检验你的算法或有关电场的陈述是否正确。

> 技术史是有效之术的历史，政治史是固权之术的历史。

政治真相

> 政治从根本上讲是关于群体的,而不是关于真相的。

政治将自己伪装成对真相的追求,从而将人们蒙蔽。但是,让你的群体溃败的真相是一个非常不受欢迎的真相。从长远来看,真相总是有益的,例如哥白尼的理论催生了卫星的发明。但在短期内,你可能会被烧死在火刑柱上。

如果每个人都相信政治真相是真实的,比如金钱、地位和边境线,那么它们就是真实的。你可以通过改写人们大脑中的事实来改变它们,例如,一美元的价值是多少?总统是谁?边境线在哪里?我们的体制就是为了操纵这些真相而建立的。

在政治中,几乎没有人有动机去说出可能惹恼你所属群体的真相。导致你的群体处于劣势的真相是一个不会被公之于众的真相。

在政治上,正常的激励机制是颠倒的。承认错误会损害个人地位,而犯错误只会让他人承担错误的代价。有人对你的论点感兴趣,也有人对歪曲你的论点感兴趣。

记者迈克尔·金斯利说:"当一位政治家说出真相,说出那些他本不应说出的明显真相时,他就失言了。"

> 我们给那些赢得人气竞赛的人投票,然后搞不懂他们为什么不

> 擅长分配稀缺资源。

这就是自由社会的悖论。如果社会真的是自由的，它就可能会允许那些旨在消灭社会的意识形态蓬勃发展。

这不仅仅是言论自由的问题，还是言论代价的问题。如果你因言论而被国家监禁，你可能就不会发声。如果你因言论被雇主解雇，那代价也很高昂，超出了大多数人的承受能力。高昂的言论代价意味着只有富人才能自由地发言。

> 对真相的垄断凌驾于对暴力的垄断。

其他人的意见并不能完美地代替你自己的数据分析过程。

你在某个领域拥有的技术知识越多，就越能摆脱对声望信号的依赖。试想一项研究，由几位科学家发表，由几十个人总结概述，由数百万人阅读，然后人们开始因这项研究而互相争论。该场景中涉及的大多数节点都是信号转发器。想要确定真相，真正重要的是信号源。

信号转发器的价值在于它们能让事物进入你的视野。有时它们的总结概括甚至是可靠的。但真相在它们之上。

数据使得对真相的绝对推演成为可能。声望只能让人们对真相进行相对推演。互联网使人们能更容易地诉诸数据，但也使人们对声望的依赖更为普遍。

你周围有着同样想法的人可能共享同一个消息来源,这愚弄了我们的真相传感器。**然而流行并不等于真相。**与那些无法提供图表、URL 地址或原始数据的人进行辩论是没有意义的。要与信号源争论,而不是信号转发器。

许多人不会基于逻辑前提进行正向推理,而擅长从社会后果出发进行反推。这种行为有它自己的逻辑,因为社会资本本质上还是资本。对外部群体大喊大叫比对内部群体进行投资要便宜得多。

> 每个人都会根据陌生人讲述的故事对素未谋面的人产生强烈的看法。

一本名为《灰贵妇眨了眨眼》(*The Gray Lady Winked*)的好书展示了我们是如何一直被纽约时报公司和其他机构蒙蔽的。纽约时报公司不仅利用虚假信息,撇清了自己与引发伊拉克战争、在前期搞砸新冠疫情的关系,对于其他历史事件,它也是如此。该公司实际上从未拥有良好的信息记录。它刊登过纳粹的宣传语。在很多历史事件中,它都站在了错误的一边,并且由于掌控了后来的叙事权,它得以改写历史。当你回顾档案并比较其文章的实际内容和其声称的内容时,你就会意识到这个现象的严重程度。你会发现:"哦,这对不上。"

在社会共识决定真相的每个领域,我们都面临着巨大的问题。它比人们想象的要深刻得多。

> 以上这些都是由社会建构出来的吗？
> 如果是的话，这意味着我们可以构建社会。

经济真相

> 受欢迎的观点：陈词滥调。
> 受欢迎的事实：细枝末节。
> 不受欢迎的观点：异端。
> 不受欢迎的事实：创新。

	受欢迎的	
观点	陈词滥调	细枝末节
	异端	创新
	不受欢迎的	事实

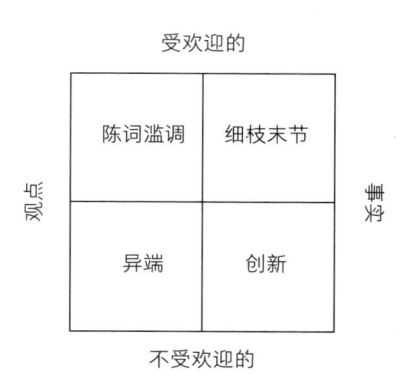

为什么我们需要就可测量的事物达成共识？为什么共识必须去中心化？以不可否认的事实为基础来重新调整社会是非常有趣的，

原因如下。

首先你会看到,事实很重要。然后你会发现,事实可能并不重要,因为如果事实只是相互竞争的群体各自的叙事,那么它根本无足轻重。

到了第三层,你才会意识到,事实的确很重要,因为从中长期来看,基于事实的叙述将更贴近现实,从而会带来更强的技术和经济实力。最后这一层很关键。

神圣的谎言在短期内效果出人意料地好,因为你可以强迫或忽悠人们去遵从它们。但从中长期来看,它们起不到任何作用。你的机器不工作,你的人民也不工作,社会整体将会变得更加贫穷。你呐喊出神圣的谎言,但这不重要,因为其他发现了真相的社会已经在技术和经济上超越了你。这就是在去中心化的环境中寻找真相的重要性。

> 更多可验证的经济信息能够促成更复杂的经济协调。

财务决策者永远关心真相。加密货币正在将世界变成投资者,就像互联网将世界变成出版商一样。如果人们没有经济动机来评估和传播真相,那么无论你有没有科学或历史证据来证明真相,它都将变得无关紧要。

即使在公司内部为公司决策收集反馈时,收集预测结果而不仅仅是进行民意调查也可能更有用。预测可以像投票一样进行汇总,但也可以为了明确每个人为预测承担的责任而单独进行分析。在预测中，明确个人责任至关重要，它会激励人们在持有不受欢迎的意见时依然坚持正确的选择。大多数人只有在赢钱或输钱时才会去评判某件事的真假。

> 不受欢迎的真相是可靠的利润来源。
> 每一笔巨大财富的背后，都存在着一次重大的思想犯罪。

加密真相

加密货币已经接受了纯粹的政治真相，并开始将它们锚定在技术真相中。

现在我们通过密码学找到了什么是真相的答案。密码学和区块链对在线信息的管理方式为我们提供了去中心化的真相——任何人都可以获取的数学意义上的真相。

无论你是巴勒斯坦人还是以色列人，民主党人还是共和党人，你拥有多少比特币的信息都是公开透明的。事实上，对于谁拥有比特币，拥有哪些比特币，并不存在争议，这是个很神奇的现象，因为它是价值数万亿美元的国际资产。对于这样的东西，人们通常都会争抢。这很能说明问题。

对于谁拥有比特币，拥有哪些比特币，不存在争议，这绝对是社会技术的奇迹。为开采比特币而消耗的所有能源和算力都是值得的，因为人们原本会为了远不及一万亿美元的事物而大打出手，甚至发动全面战争。如今，比特币所取得的成就可以推广并应用于其他领域，这是一个巨大的创新。

> 纵观历史，区块链是自文字出现以来最重要的发展成果。

区块链包含一个经过加密验证的、可复制的、不可证伪的以及可被证明是完整的系统数字记录。这是技术真相历史观的最终胜利，因为无论任何人可能因压制真相而获得怎样的社会政治优势，它都为真实事实的传递提供了技术和经济上的激励。

> 你无法再删除历史。

我最感兴趣的一个去中心化真相是加密预言机。今天的许多合约或交易都像是在押注，例如，"它的价格会上涨还是下跌？""温度会升高吗？"复杂一点儿的例子，如："干旱时我需要缴纳农田保险费吗？"

这是一个结合金融功能和事实的合约案例。为了通过区块链上的智能合约实现合约的自动执行，该合约需要获取外部世界的数据，而这些数据不仅是纯粹的金融数据。这就是加密预言机做的事。

预言机将数据上传到区块链上，并声称："我，6号天气传感器，在此刻的波基普西市记录气温为 82 华氏度。"于是，我们得到了在链上的气温时间戳。

这不仅适用于气温，还适用于犯罪统计数据，以及个人犯罪案件的详细信息（基于它可以得出全面的犯罪统计数据）。此外，这也适用于医疗记录。医院不必主动统计和报告"我们有 1 000 名新冠病毒感染者"之类的统计信息，而是会有一种信息流，其中记录了"某位患者在某个时间的情况"。Redfin 或 Zillow 等线上房地产平台将不再仅仅公布综合统计数据，而将提供实时的房地产交易信息。

基于所有这些个体行为的信息流，我们可以计算出综合统计数据，也可以深入各行数据中进行尽职调查。

这意义何在？上述所有数据都将位于不同的位置。房地产数据在这里，医疗数据在那里，价格数据、气温数据又在其他地方。我所说的"记录总账"本质上是所有这些加密预言机的集合。

人们之所以将数据放在链上，是因为他们可以通过提供数据来赚钱。人们为信息付费是因为他们可以用它进行交易或用它来提供服务。每个预言机都有将数据放到线上的动机。所有这些单独的预言机数据都会进入记录总账，这为我们提供了关于这个世界的可加密验证的事实。

> 加密预言机比人们认为的更重要。今天，它是价格历史的全球共识；明天，它将成为历史的全球共识。

从本质上讲，如今，几乎所有人类行为都有数字成分。每一次购买、交流、用优步打车、刷门禁卡，以及在使用 Fitbit 运动追踪器时每迈出一步，都会产生数字工件（digital artifacts）。从理论上讲，你最终可以下载公共区块链来重现社群的整个加密验证历史。这就是公共记录的未来。这与我们当前基于纸张的系统的差距，就像纸质记录与口头记录的差距。

我们拥有的数字文档达到了前所未有的规模。近 10 年来，每天都有数十亿人使用社交媒体，每天都有数十亿部手机拍摄照片和视频。各种设备都产生了难以计数的数据信息流，还有海量的硬盘来存储这一切。

以原始字节数来衡量，我们现在一天记录的信息比从人类文明开始到 1900 年期间人类记录的所有信息的总量还要多。如今，我们拥有着有史以来最全面的人类活动日志。

若没有加密的真相，我们就只剩下盲目的信仰。耶稣真的复活了吗？那么一定有人已经在区块链上上传了耶稣死而复生的视频。请给我们看时间戳和工作量证明链。这可能需要一段时间，但最终几乎每个重大的人类事件都将生成其不可更改的带有时间戳的记录。那么，最高真相将不再来自对上帝的信仰或对国家的信任，而是来自检验网络数学运算的能力。

假设加密货币的概念能够经受量子解密的冲击，未来的人类可能会认为，可加密验证的历史的开端与几千年前有文字记载的历史的开端同样重要。未来社会可能会将公元 2022 年视为 AS（"After Satoshi"，即中本聪之后）13 年。AS 元年将成为新的"公元"，区块链时钟的时间将成为新的世界时间。

> 你拥有了一段不可改变的数字历史：所有人都能了解何时发生了何事。

保护真相

> 改变世界的方法：
> （1）发现真实的事实。
> （2）获得足够的传播。

我之所以说我是一个务实的思想家，正是出于以上原因。我既是一位致力于发现真实事实的思想家，也是一位注重事实能获得足够传播的务实之人。

有意识地将发现真实事实和通过金钱或粉丝获得足够的传播结合起来，是不同寻常的。你需要学习如何剪辑音视频、写作、出版、导演、概述、建立关系以及建立政治联盟。你需要学会如何抗争。

我在每次讨论时都假设我需要从头开始证明一切的合理性。我不认为任何事都是理所当然的。我已习惯了和人们就每一个字、每一句陈述展开论辩。

非显而易见的真相在某种程度上总是不受欢迎，因为它们要么非常专业，要么严重地亵渎神明。受欢迎的沟通渠道倾向于告诉你明显的事情和/或错误的事情。

我为如何保有发现真实事实的能力感到忧心。我们需要大量可复现的研究。匿名经济很重要，因为为了发现和分享真实的事实，人们需要保护自己免受抵制或封禁。

无论接下来发生什么，我们都需要有去中心化的真相来源。我们需要统计数据，这些数据不能来自某些在暗处胡编乱造的人。这非常重要。

我们需要从今天的"谁拥有哪种比特币"发展到未来的"谁在何时说了何事"。我们将知道哪些事实被断言、何时以及由谁断言。这是一个非常强大的东西。借助密码学，我们就能取代那些作为真相来源的媒体公司。

第六章
现代媒体与真相背道而驰

媒体就像一面闪闪发光的镜子。现实在远处，你读到的内容在近处，而媒体控制着中间的映射过程。

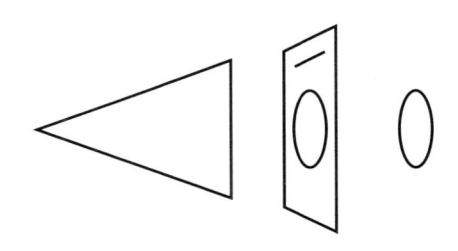

人们称其为媒体，因为它是我们与现实之间的媒介。

你之所见即为你所思

代码是机器的行为准则，媒体是人类的行为准则。如果你通过一个计算机程序来统计你摄入了哪些媒体信息，你就能了解你通过重复强化了哪些概念。该程序可以显示你的媒体食谱中的"营养成分"，就像你在食物标签上看到的那样。

你面前的屏幕上出现的前 1000 个关键词列表向你展示了你正在往大脑中输送的内容，但那些不一定是你想要了解的概念。

> 如果你之所食即为你，那么你之所见即为你所思。

我想再重申一下营养食谱和信息食谱的类比：你利用嘴巴摄入的东西来重塑你的身体，利用眼睛和耳朵摄入的东西重塑你的大脑。把这两个概念放在一起，你就会意识到你吃到的和你读到的东西有多强大的力量。

无论你是否同意，你选择的信息源都将掌控你的生活，并确立你对事物的优先级排序。实际上，这些信息源比"你"本身更具有主导性。

如果你能以某种方式记录下你所看到和听到的一切，你就可以确定广告对你产生的效力。在你最终决定购买可口可乐之前，你看到了多少次它的广告？

生理数据能够显示饮食对你的新陈代谢的影响。吃完饼干后，你的血糖会飙升。我们能否用图表来显示信息食谱对神经病学的影响？阅读推文后，我们能观察到多巴胺的飙升吗？

借助可穿戴技术，我们可以检测因使用社交媒体而出现的心率或血压的变化。如果我们能看到社交媒体对我们的身体产生的影响，我们可能就会减少对它的依赖。

人类也许会对义愤填膺的感觉上瘾，就像我们对糖、酒精或尼古丁上瘾一样。社交媒体是一种超级刺激，如果可以的话，我们需要尽可能地识别它，并有意识地在我们的信息食谱中对其加以限制。

传统媒体的真实本质

> 哗众才能取宠。

在情感上让人们反对某件事似乎比在经济上让人们支持某件事更容易。如今，许多写手和电视制片人就像拳击比赛推广人一样，让两个人互殴，然后从这场表演中赚钱。

生活中，两人常为了一个愚蠢的、被有意设计成两极分化的想法而争论不休。这两人可能在其他 90% 的想法上能达成一致。他们可能生活在同一个社区，在工作中或教堂里认识，但他们会因为一篇新闻文章而发生争执，而文章的主题甚至是他们俩都从未想过要提及的话题。媒体将这些主题设计成了极其分化的两极，从而制造了冲突。辩论双方都是输家，赢家是赚了钱的新闻发布者。在系统层面上，这是负和的。

"争议性论断"（scissor statement）是指对一方来说明显正确，而对另一方来说明显错误的陈述。媒体和社交媒体公司不断寻找和挑选这种争议性论断，因为它们能触犯众怒，从而吸引流量。

媒体有制造冲突的动机。既然传统媒体公司会质问其他所有人的动机，他们自身的动机也值得一问。"若有流血，必成头条。"这意味着媒体有创造流血事件的动机。

以战争报道为例。媒体会引发战争吗？会煽动战争吗？会延长战争吗？在美西战争中就发生过这种情况。黄色新闻记者威廉·伦道夫·赫斯特曾说："你负责提供照片，我负责引发战争。"

现在我们知道，至少有一个人基本上是为了卖报纸而挑起了一场战争，因为战争报道能增加利润。冲突也能。如果媒体在冲突环境中能赚更多的钱，那它们的激励机制就非常糟糕。

2013年，《纽约时报》开始有意使用大量与"觉醒"主题有关的关键词。通过客观分析，我们可以看到，他们会在文章中通过突然添加一些令人愤怒的词语来增加文章的"有料程度"（吸引力）。那时，其业务很不景气。《华盛顿邮报》刚刚被贝佐斯收购，传统媒体正在衰落，而谷歌和脸书正在发展壮大。

> 相比文章中呈现的内容，编辑判断的倾向在文章中缺失的内容中有更明显的体现。

我们听说过很多关于扎克伯格、卡兰尼克和安德森的故事，他们都是科技公司的创始人。但大多数人都无法说出媒体公司所有者的名字。这不是因为媒体公司的所有者都得到了正面报道，而是因为他们压根儿没有被报道过。

我们一直被提醒要警惕扎克伯格对脸书施加的编辑控制，却不太关注苏兹伯格，后者通过任命总编辑和首席执行官来间接对《纽约时报》进行编辑控制。

审查是好事。这些媒体公司的编辑决策、人员架构、利益冲突和激励机制都应该像科技公司一样受到严格审查。

令科技公司备受指责的那些事,媒体公司也在做。例如,不久前,卡拉·斯威舍在《纽约时报》上发表了一篇文章,攻击扎克伯格利用双重股权结构拥有对脸书的绝对控制权。几年前,乔·诺塞拉发表了一篇文章,赞扬苏兹伯格家族实行双重股权结构。二者可谓背道而驰。记者们会批判技术公司使用广告追踪器,同时他们自己的网站中也有广告追踪器。

单独来看,这些论点站得住脚。但一旦你把它们放在一起,你就会发现不对劲。它们并不是普适的论点,而是基于群体的论点。媒体这一群体应该拥有权力,这就是它们真正想表达的意思。媒体群体应该拥有权力,而科技群体不行。媒体群体可以实行双重股权结构,而科技群体不行。这些论点与公司治理无关,与言论自由也无关。

等级制度就是这样嵌入其中的。这是一种隐性的等级制度,意味着某人可以对你做某事,反过来则不行,但它并没有被明确承认。一旦你去寻找这样的现象,你就会发现它们屡见不鲜。对于同样的行为,你做了就是"骚扰",但他们做了就是在"让你承担责任";你进行的是"人肉搜索",但他们进行的是"调查"。这些相同的行为被描述得截然不同,就像"文件被获取"和"被黑客入侵的文件被非法放到互联网上"的差别一样。

以上都是在对话中嵌入等级制度的语言技巧。

> 以前：信任一个信息来源，从它那里了解各方面的情况。
>
> 如今：在信任一个信息来源前，先从各方面了解情况。

有个冷知识，科技新闻的多样性不如科技本身。科技行业比媒体渠道更加多元化，媒体却不断质疑科技的多样性。TechCircle 执行董事奥·恩沃耶试图将这个观点写成专栏文章提交给多家科技新闻媒体，但文章未能发表。

还有个冷知识，许多媒体公司的所有权是世代相传的。所有者靠的是纯粹的裙带关系，他们从父辈那里继承了家族企业。另一方面，他们大多是美国人，而科技行业则主要由移民构成。科技行业是非常全球化的，并且具有更加国际化的视野。

在很多方面，媒体公司往往言行不一。媒体公司设立广告牌将自己标榜为真相、民主和公平的化身，这完全就是企业宣传，传统媒体公司试图靠这种方法将自己定义为真相之源。其员工的大脑已经被企业宣传所腐化，以至于他们对此深信不疑。

总的来说，如今记者实际上和政客一样不被信任，因为他们一直把自己当作判定真相的行家，却没有展示判定的证据和过程。有利于他们的议程会被放大 100 倍，而那些与他们的利益相冲突的议程则会被削弱 100 倍，或完全被压制。现实被扭曲的总程度可达 10 000 倍，甚至更多。

> 故事背后的故事通常比故事本身更有趣。为什么由这个记者来写?为什么采信这些信源、采用这种语气进行写作?为什么省略那些信息?

斯蒂芬·霍金试图通过媒体传达一些微妙的观点,然而,他的观点完全没有被有效传达,因为新闻被当作一种娱乐形式来兜售。他的采访变成了极度夸张的头条新闻:"斯蒂芬·霍金惧怕人工智能""斯蒂芬·霍金惊慌失措"等。(一个鲜为人知的事实是,许多记者在自立门户之前,往往无法决定自己报道的新闻的标题。)

也许这是觉醒的第一步。当有人问"你为什么不无条件地信任媒体公司"时,你应该问问它们独立复现了多少个被发表的文章中的研究或实验。科学家们很清楚,不应盲目相信每一篇论文。

《纽约时报》声称火箭不可能在太空中运行

1920年1月13日,《纽约时报》发表社论,坚称火箭不可能在太空中运行。

引文如下:

那位戈达德教授有克拉克学院的"教席"和史密森学会的资助,竟然不知道作用力与反作用力的关系,也不知道在太空这样的真空环境中,传统的依靠与某种物质相互作用来产生反作用力从而推动物体前进的方式并不适用——这样说已经够荒谬了。当然，他似乎只是缺乏高中里每天都会讲到的知识而已。

戈达德对这波批评进行了反击，但没有成功。他从公众视野中隐退，也减少了与其他科学家的互动，但仍继续他的研究。最终，当1944年一枚火箭成功发射和1969年阿波罗任务完成时，他获得了正名。

直到近50年后的1969年7月17日，《纽约时报》才收回了刻薄言论。这番修正可谓干巴得近乎可笑，而且明显没有提到阿波罗任务。"本报为犯下的错误感到遗憾。"

这造成了人类多大的倒退？阿波罗任务也许本在几十年前就能成功了！你注意到在戈达德获得资助后那些人的嘴脸了吗？他们说："史密森学会为什么要资助这个家伙？"

记者与科技的争斗已经持续了很长时间。马特·里德利在《创新的起源》一书中谈到了这一点。埃达·塔贝尔和许多其他丑闻揭发者都曾追查包括洛克菲勒在内的企业领袖。这些致力于建设美国的行业领袖都在20世纪初受到过记者的攻击。现在我们正在进行同样的战斗，只不过攻守易势。我认为这一次科技创始人一方将会获胜。

媒体有其自身的动机

（1）媒体公司是企业。
（2）它们的利益并不总是与你的一致。

（3）在了解这些事实的前提下行事。

有一类公司，记者会永远捍卫它，那就是媒体公司。有一种平等形式，记者会永远抵制，那就是人人皆记者。直接的竞争对手不可能成为公正的仲裁者。

以引用和采访的形式向媒体公司提供免费内容不再有意义。你必须构建自己的发布渠道，以避免事实被扭曲。这已经成为现实。马斯克、扎克伯格和所有最聪明的创始人都在建立自己的媒体部门，绕过传统媒体公司，直接发布信息。这已成为一项核心竞争力。不去设立直接发布渠道的首席执行官或创始人，就没走上正确的道路。这就像一家公司不设立官方网站一样。

记者和采访对象之间的关系是等级分明的。记者作为媒体公司的雇员，和其采访"对象"（subject）之间的关系，与"研究人员和显微镜下的实验对象"、"国王和他的臣民"或"支配者和被支配者"这类关系并无二致。"对象"是一个很能揭示问题的词。它揭露了很多问题。

> 高度负面的故事占据着头条（因为"若有流血，必成头条"），而高度正面的结果决定了回报，这一回报遵从幂律法则。

以页面浏览量驱动的、靠夸张标题攫取注意力的媒体公司已经让很多人失业。它们攻击了很多人。它们的基本商业模式是试图破坏某人的声誉，以赚取每次 5 美元的点击量。但对于那个人来说，他的声誉价值远超 5 美元。

记者们甚至可能已经说服自己，为心怀不满的员工发声是一项公共服务。但实际上，这种行为把内部人事问题变成了一场大灾难，导致公司股价下跌，让所有员工都变得更贫穷，却为发起攻击的媒体公司赢得了点击量。记者们实际上并不认为这是处理人事纠纷的正确方法，因为他们肯定不会发表自己公司内部员工的不满言论！

标题党商业模式的目标是最大限度地曲解某人所说的话，以至于标题几乎令人难以置信，它与事实的关联则极其微弱。这种行为在极大程度上歪曲了事实，但新闻中又包含了足够的真实成分，以至于媒体能够在某些语境下声称，这不是彻头彻尾的谎言。但它们已经来到了彻头彻尾的谎言的绝对边界。

它们需要读者发出"天哪，这太难以置信了"的感叹，因为看似难以置信的事情会被广泛转发。媒体没有任何说实话的动机。它们只有玩弄真相的动机，以及获得点击量的动机。

你如果想整顿一下你推特上的信息食谱，那就屏蔽所有建制派记者（establishment journalist）。这会让你不那么容易成为机会犯罪的目标。他们对你眼不见心不烦，反之亦然。你只能看到对等的信息，他们发布的主流信息将大大减少。我们真正想看到的，是董事会、公司乃至整个国家将建制派记者完全屏蔽，拒之门外。

请记住，通常（但并非总是）那些在主流媒体上获得正面报道的人，都是向媒体泄露信息的人。他们会得到一篇个人简介或一篇吹捧文章作为奖励。这并非直接的金钱交易，但在某种程度上，这种交易对双方来说都价值丰厚。

如果你意识到，泄密的人才会得到正面报道，而不泄密或不与媒体合作的人将受到攻击，你就会明白，现实可能与你最初的看法大相径庭。

> "故事"一词表明了叙事在现代媒体中的重要性。重复一个叙事太容易了。

纽约时报公司的市值为63.5亿美元，每年的营收超过10亿美元。它在广告商和影响力方面直接与科技领域竞争。它发布的所有内容并非都是"假的"，但它不是一个公正的仲裁者。其他媒体公司也不是。每个人都应该在了解这一点的前提下行事。

如果你经营的公司不是世代相传的或建立在裙带关系之上的，作为现任掌门人，你不是从父辈那里继承了公司，你就比纽约时报公司的掌权者更民主，拥有更多元化的条件。你不需要接受父辈、父辈雇用的人或任何受制于他们社会影响力的人的说教。在法律范围内，你有道德上的权利去雇用你需要的人。

第七章
如何重新定位媒体

最有建设性的一种批判类型是构建替代方案,也就是解构现有体制。使用我们拥有的一切语言、技术和金钱武器。这一点极其重要。我们要打造的是更好的东西,我们有责任创造更好的东西。

我们需要一种不同形式的媒体,注重为人们提供有价值的相关内容、帮人们培养技能,能为人们构建最佳的信息食谱。你真正想培养的是什么技能?

> 你接触的媒体会改变你做出的决定。
> 你拥有的技术会改变你能够做出的决定。

创造高价值媒体

近年来,技术一直聚焦于软件,但我们应该更多地关注媒体如何提高人们的技能和能力。一种途径是创建媒体来帮助人们创造财富,自制优兔视频就是一个简单的例子。正在形成的整个西海岸媒体生态系统都在暗中关注这一主题。这一切都关乎技术、创业以及自我提升。

> 也许新时代的本地新闻是按知识垂类划分的，而不是按地理区域划分的。

这并不是要从大量用户身上赚钱，而是要为真正需要理解和领会某个想法的人服务。

想象一下，一个网站持续更新3D打印技术和业内所有公司的信息，几乎就像一份投资研报。读者的目标可能是投资、求职或下载新程序来开展或创建某项工作。这体现了对生产与消费的关注。

在阅读这种新型媒体的内容时，你并不关心标题，因为仅阅读标题不足以成事。真正的问题是，人们留意这些媒体的意图是什么？那些只是为了娱乐而使用媒体的人缺乏深入理解事物的动力。

当你考虑自身表现并据此选择你想要使用的媒体类型时，你选择的媒体将具有与传统媒体不同的商业模式。

记者高瑟姆·纳格什曾说："内容行业是一个糟糕的行业，除非你手握值得付费的信息。"从数学上来说，按照一篇文章行事所产生的利润差额，通常必须超过购买该信息的成本差额。

当你将文章作为消遣出售时，估计没人会因其采取任何行动。能引发行动的文章则截然不同。在社会层面上，我们已经深入探索了通过页面浏览量获利的标题党模式。但针对不同职业的有实际价值的信息体系尚未得到充分探索。

> 推特是我们注意力的一种调度机制，就像优步将司机调度给乘客一样。
> 你可以想象一个与众不同的调度员，他能使长期创造的财富最大化。

通常，人们会将战争报道和对金·卡戴珊的报道置于媒体报道分类图谱的两端，并称其为"一个超级严肃的、能拿普利策奖的新闻"与"一个好玩的娱乐信息"。我认为它们实际上都是处于同一端的八卦信息，另一端应该是可用新闻和教程。区别在于，其提供的信息与你的生活是否直接相关。要确定信息属于分类图谱的哪一端，你需要扪心自问，你会花精力去求证并应用这一信息吗？

代码编写教程具有内置的事实核查功能，因为你左边有教程，右边有终端，你可以逐行输入代码，同时验证其是否有效。一个向你展示如何缝制东西或搭建桌子的优兔视频，也是同样的原理。你在缝制或搭建时也会按照视频每一帧的内容进行操作。

教程不能对你"撒谎"，这也不是它们的本意。它们不能歪曲任何事情，不能低估复杂性或夸大结果。正因为它们是指导性的，所以你在使用它们的同时，也在不断学习并进行事实核查。这不是一件显而易见的事，人们通常不会去思考这一过程。

天气或股票价格是另一类可用新闻。这类信息直接决定人们的实际行动。如果下雨，我就带把伞。如果股价高，也许我会卖出。如果股价低，也许我会买入。在我们理想中的媒体分类图谱上，这类指导决策的信息紧挨着教程这一类别。

在媒体分类图谱的另一端，是遥远国家发生的一些事件。除非我在那里有亲戚、生意或业务，否则这些事件与我的日常生活无关。人们可能会说："你应该关心这些事情。"问题是，地球上有70亿人。

思考一下下面这个趣味实验。一天有86 400秒。在12天内，如果你每秒记住70亿个人名中的一个，你能知道100多万人的名字。记住1 000万人的名字大约需要120天；记住1亿人的名字大约要1 200天；记住10亿人的名字大约要12 000天。你甚至需要穷尽一生才能记住地球上70亿人的名字。因此，你不可能平等地关心所有人。你必须对信息进行分类，或对你所关注的事情进行优先级排序。

你的信息食谱应该将娱乐信息过滤掉。回到营养食谱和信息食谱之间的类比：偶尔吃一块饼干无所谓，但如果你只吃饼干而不吃健康食品，你的健康状况就会变得一团糟，生活也会每况愈下。

我不是说要永远杜绝寻欢作乐。但推特和其他社交媒体就像那些学会了在食物中偷偷加糖的餐馆一样，其优化逻辑是尽可能多地占用你每天的时间。它们实打实地让人上瘾。

以读者利益为导向的媒体

红迪网（Reddit）、推特、脸书等类似平台有一个你无法忽视的共同点：随机性。确切地说，它们随手就能给你推送30个随机链接。这些平台的优化逻辑与老虎机类似，都是为了带来新奇性。

大多数人每天都会一下子接收到一堆随机的东西。在这个高维空间中，你被往许多不同的方向拉扯，但没有真正取得进展。今天研究一个数学问题，明天在同一领域研究更深刻的数学问题，这才是进展。每天沿着同一个方向慢慢累积进步，才能产生成果，但是花在这些网站上的时间累积起来就毫无意义。

我并不是说它们完全没有价值。偶然发现新事物有其自身的价值，你确实由此摸到了社群思考的脉搏。但我认为，我们正在过度消费新奇事物，而忽视了目的。

什么是真正的好东西？它可以帮助你优化你所关心的可测量变量，例如你掌握的真相，拥有的健康和财富。它涉及你的知识、身体健康、银行账户余额，或者它们的某种组合。

它们是你会纳入你的个人仪表盘的东西。你应该每天努力为你和你的家人提升自我，从而在这些关键的生活变量上取得真正的进展。

仪表盘比报纸更好。如果你在科技行业工作，在每个工作日你都要先查看带有销售额等指标的公司仪表盘。这是好事。你每天看到的第一件事不应该是别人挑选的随机故事，而应该是你精挑细选的想要改善的指标，例如你的健康或爱好。打造个人仪表盘是颠覆报纸行业的好方法。

> 算法和激励措施能够为我们揭示重要和真实的东西，而不是流行和有利可图的东西。

如果媒体是为了读者利益而设计的，会怎么样？Fitbit时代的《时尚健康》杂志会是什么样子？假如彭博社改变其内容的衡量标准，专注于长期改善读者的投资组合，会怎么样？假如教育出版商衡量其内容质量的标准变成了读者是否随着时间的推移记住了其提供的信息，又会怎样？

> 这种类型的媒体有一个与传统媒体完全相反的设计目标，即在最短的时间内提供最大的价值。

当你的所有读者都拥有Fitbit、苹果手表或智能体重秤时，新的《时尚健康》将为读者提供内容背后的因果关系。它不会只写"看这腹肌超棒"，而会写明"你应该按照这样的步骤改善饮食"，并且你实际上能够看到读者的体重变化。

你开始以一种完全不同的方式对读者的状况进行追踪，这对读者是有益的。这对于几乎所有健康杂志来说都是一个新概念。所有健身内容都可以立即这样做，因为现在市面上已经有足够多的健康追踪设备了。

我们需要更好的指标，因为我们需要源于自身的数据流。你希望得到关于你的血糖、氧气容量等所有身体信息的提醒。这些才是最重要的指标，不是吗？

这才是你能用得上的新闻，控制权在你手上的新闻，你能够据此采取行动。想象一下，未来你将拥有关于你的健身、饮食和睡眠的个人仪表盘，也许还会拥有一个家庭仪表盘。

这种类型的仪表盘对个人来说比推特或脸书更有用，值得每天查看。你可以根据仪表盘信息采取行动。其他媒体将被你视为垃圾食品。

上述这一切都已经存在，但整合所需技术，并养成每天起床第一件事就是查看仪表盘的习惯才是重中之重。

调整针对作者的激励措施

我们需要开发重新调整技术、媒体和社会的机制。有一个概念是，如果你的文章或电影启发某人创建了一家能够解决社会问题的伟大公司（例如应对气候变化的核聚变能源公司），作为媒体创作者，你应该获得现金或股权份额。

启发了他人的记者、电影制片人和作家可以被整合进融资渠道，以便他们获得其应得的收益。例如，纪思道的文章启发了比尔·盖茨，使其在非洲修建了卫生的乡村厕所；电影《少数派报告》启发了微软公司，使其为Xbox游戏机推出了体感设备kinect；VR技术公司Oculus则是受到了《头号玩家》一书启发。

如果你作为一名作者为读者增添了价值，你就可以获得该价值的一部分。许多初创公司的创立都是受到了某篇文章的启发。想象一下,假如作者能够获得在他们的启发下创办的公司的一些股权,那么这将改变作者的激励结构,使创作者们从追求数量转向追求质量。这样一来,浏览量将不再重要。你要做的是寻找下一个像核聚变能源领域的扎克伯格或维塔利克这样的人,把他们吸引到你的博客,并帮助他们建功立业。

在全球范围内,你可能只有 10 000 名读者,他们是世上为数不多的足够关心核聚变能源并将你的文章视为"可用新闻"的人。但正因为你的作品,有志之士得以创立极其有价值的公司。

> 在来自纽约的裙带关系者和新世界的创始人之间,我知道我该如何押注。

另一种解决方案可能是直接鼓励正确性。设想一个全新的媒体渠道,其中每个帖子都伴随着一个市场预测的赌注,因此作者的切身利益与这场游戏紧密相连。此类消息将由投资者发布,以投资者为受众。你甚至可能都不会用"记者"这个词来指代作者。

我们今天所拥有的最接近上述设想的情景,是风险投资者写的关于投资的博客文章,以及加密货币记者公开加密货币持有量的报道。预测投注功能将使读者和作者的激励机制保持一致。

预测市场实际上也许并不能预测未来,但它确实能让业内权威人士担责,并将其言行记录在案。创办一家媒体公司时,若根据预测记录来聘用作者，将会是一件很有趣的事。当权威人士在预测市场上公开下注时，其言论会以一种带有时间戳的、可量化的、不可伪造的方式被记录在案。（许多聪明的记者正在转型成为风险投资者，这是一个相关的趋势。）

我想要一个工具来解析科技记者的预测，并将其转换为公开的记录。我们可以将他们前几年发表的内容补充进来，产生一个预测能力排名，它会让你知道谁准确地预测了未来。然后，对于那些早期对未来赢家抱有积极态度的作者，尤其是那些在早期做出了与主流观点不同的正确预测的作者，我们可以提升他们的排名。

然后我们可以在一个 API（应用程序接口）中公开所有这些数据，并将其作为一种新颖的输入提供给媒体机构。具有良好的长期预测准确性的记者将获得更多的流量和更好的声誉，这就像对作者/博主/推特用户的一种星级评价，可能也同样适用于谷歌。这一机制将全面制衡那种为了流量而制造噱头的趋势。你可以跳过有着吸睛标题，但只有 1 星评级的优兔视频，对于新闻报道，我们却没有这样的机制。文章评级是媒体中一个明显缺失的部分。

建立基于事实的媒体

如今，技术并没有得到很完善的报道。西方媒体只报道融资轮次。为什么？因为他们无法解释其中的数学或科学原理，难以从那些角度进行评估，所以才把故事简化为金钱和人物。

你可以从专家的评论中学到很多东西，尤其当你发表技术相关的文章时，你可以在发表前或至少在发表后从该领域专家（投资人、工程师和创始人）的同行评审的评论中受益。

我们可以创建一个系统，对每一篇技术文章逐行进行独立的事实核查。我们可以以半去中心化的方式做到这一点。对于一篇有 100 句话的文章，若每句话定价 10 美元，则大约需要 1 000 美元。按每年 365 天、每天核查 4 篇科技文章计算，每年"仅仅"需要花费约 100 万美元。

反向链接和搜索引擎是手动核查信息来源的强大工具，但下一阶段，我们将能做到自动解析文本，从而查找带有 URL 的信息来源。例如，我们可以自动解析新闻文章来查找新闻的源头。

媒体如何带我们登上火星

"你想去火星还是只想写有关火星的文章？"事实证明，我们将不得不大量撰写关于火星的文章，以达到去火星的目的。想要推动任何技术的发展，我们必须掌握话语权。

比特币教会了我们这一点。在对一项技术的宣传和推广中，如果支持技术的一方在用写作阐述其价值和意义时，展现出更充沛的能量和更强烈的热忱，那么从长远来看，这项技术将会取得成功。我们不仅仅需要写作，还需要艺术、文学和电影来推广技术。

> 不是必须成为火箭科学家，才能发表支持他们的言论。

设想在一场 NBA（美国职业篮球联赛）比赛中，球员们虽然相信他们是在为同一支球队效力，但只能看到自己的得分。这就是当今意识形态运动在社交媒体上运作的方式。我们只能看到个人资料，却看不到团队的仪表盘。

采用数据驱动方法的步骤如下：找到你想要推进的技术，分析其舆情，确定你需要创建多少内容才能扭转舆情，然后扭转它。

传统媒体公司在试图优化自身声誉时，往往屈从于优化点击量，因为它们需要养家糊口。虽然点击量和声望都是可衡量的（后者通过奖项来衡量），但两者都是传统的衡量标准。

另一方面，针对"火星"或"比特币"等关键词的舆情优化是一件新鲜事。这本质上是纯粹的激进主义。针对火星或延长寿命进行舆情优化的组织将得到截然不同的发展结果。舆情向来难以测量，直到最近自然语言处理（NLP）技术出现，计算机才开始具备理解人类语言的能力。

优先考虑转变舆情而非点击量，意味着创作者必须保持道德操守，并避免陷入创作夸张标题以吸引点击的陷阱。我们都可以创立、资助和支持致力于实现关键理念的个人媒体公司，这些理念包括加快药物测试，推动自动驾驶汽车的发展以减少交通死亡人数，或发展核聚变能源以阻止气候变化。

任何关于通过技术实现积极变革的学术论文都可以被打造成一

家媒体公司。我们可以资助创作者推出有关延长寿命、脑机接口或移民火星等领域的精彩内容。

对于去中心化的激进主义社群来说,点击量和声望是零和指标,但舆情却不是。转变舆情就是说服外部世界相信某个理念是好的。填满舆情优化的进度条,我们就可以去火星了。

第八章
打造更好的真相机器

社交媒体把我们的大脑连接在一起

人们正在按照脚本行事，他们甚至没有意识到这件事。媒体为人类编写脚本，就像计算机代码为机器编写脚本一样。

孩子们看完一场电影后，会立即开始引用电影里的台词，并重新演绎他们刚刚在屏幕上看到的内容。有时，你可以口头要求人们做某件事，但通常，仅仅展示如何去做，效果会更好。

人类具有模仿性。我们互相模仿，以习得语言，并达成一致目标。你可以称之为"具有传染性的精神状态"。我认为这是一个尚未得到充分研究的概念。我们知道存在可以广泛传播的身体上的传染病。现在，是时候研究精神上的传染病了。

我们都把心思花在了推特上。使用推特的过程就像把你的大脑放入一个装有其他3亿人大脑的大缸中，人们将他们的大脑状态以电磁信号的方式发送给你。这么一想就感觉有点儿不卫生了。我们在线下保持社交距离，在线上却挤成一团。低劣的梗图和疯狂的想法比以往任何时候都传播得更快，因为我们所有人的大脑都相互连接在一起。

如果你在谷歌趋势中输入最近的新闻标题，你会发现这个话题的关注量通常是直线上升的。大家突然都开始关心这个话题，然后关于它的热度也会很快消退。人们会因为两周前他们还不知道的某件事情而变得疯狂，这件事对他们来说仿佛生死攸关，他们愿意为此打斗、杀戮和纵火。然而，三周后，他们一点儿也不在乎它了，甚至永远不会再关注它。

在现实世界中，对随机陌生人的粗暴行为不会得到奖赏。不幸的是，在推特上恰好相反。我认为问题的核心就在于激励机制。在推特上挑起争端会吸引粉丝，而粉丝是有价值的。在现实世界中打架则会吸引警方的注意，那是没有价值的。道德约束了很多人，但不是所有人，也并非总是有效。

我的总体直觉是，既然我们已经大规模地看到了社交网络的失败模式，我们就需要一种全新的基于激励机制的社交网络化手段。在看到雅虎数年的发展之前，创立谷歌是很困难的。

> 受欢迎程度可以通过点赞数来衡量，真相却不能。
> 地位争夺是一场零和游戏，财富创造则不然。

社交媒体上许多受欢迎的想法都是持续重复的结果，而不是独立复现的结果。在加密货币领域，我们使用独立确认的概念。在交易获批之前，需要经过6次独立的确认。

我们在信息传播机制方面取得的进步已经超越了信息验证机制。

好在信息是电子化的,显示在屏幕上,储存在数据库中。也许很快,一部分真相就能追赶上谎言发展的脚步。

新技术如何重塑沟通方式

> 每个人都认为自己的观点符合审核标准。事实上,他们正是审核体系要审核的对象。

重要的新通信技术常常会破坏对现有系统的信任,因为它们允许传播曾被旧系统封禁的真相。

这是技术成为历史驱动力的又一个原因。所有意识形态都已经存在了很长时间,读过柏拉图的著作后你会发现,一些政治思想是异曲同工的。发生改变的是通信技术。

时代选择技术,技术选择意识形态。

在中心化技术时代,有规模化生产和大众媒体。这些技术带来了各种政治意识形态。千百年来,它们一直在互相厮杀。

在新的去中心化时代,新的意识形态通过互联网不断成长,例如"觉醒文化"或加密货币。这些意识形态在社交媒体上传播,与自上而下的助长威权主义的技术截然相反。

> 如果一个想法需要审核来维持其受欢迎程度,那么它可能不是

> 一个好想法。

在历史上,在西班牙流感期间,相关信息曾被严格控制和封禁。在卡廷惨案中,苏联曾杀害了一群波兰平民和公职人员,且拒不承认,这件事也被掩盖了。如果当年这些真相被公开,人们对政权的信任将被破坏,但它们都被秘密地封存了。

随着印刷机的出现,马丁·路德通过纸媒反对推行赎罪券(以购买赎罪券换取宽恕)等使天主教会失去了合法性。许多人私下里可能对这种做法颇有微词。但当马丁·路德印刷并分享他的批判意见时,一种新的公众共识在现有政权的控制之外形成了。宗教改革应运而生。

在加密货币领域,我们拥有类似印刷机的东西。

媒体的未来是去中心化的

沿着社交媒体的道路,我们正从主流媒体走向我们的目的地:去中心化媒体。它涵盖了去中心化的报道、消息来源、托管、分发、支付、打赏、预测、声誉、验证、共识和真相。

一家新的媒体公司不是我们要的答案,我们需要一个更好的真相机器。它将是一个有着截然不同的前提条件的新媒体社区。这个社区是全球性的,而不仅属于美国东海岸区域。在这个社区里,主要实行多人兼职模式,而非单人全职模式,科学深度的重要性胜过叙事。这样的媒体才能代表人民，因为它就是人民。

> 祈求者只会哀叹中心化的问题。
> 技术专家则着手构建去中心化的解决方案。

传统媒体和社交媒体的一个共同问题是，它们的内容不是开源的。由于内容的所有权受到版权和 API 访问的限制，公众无法随心所欲地创建自己对数据的看法。替代方案是什么？去中心化媒体。

一个很好的例子是，2020pb 网站背后有一个记录警察暴力行为的 GitHub 存储库。它是完全开源的，匿名提交数据，所以任何人都可以提交拉取请求（为存储库做贡献），也可以免费访问，所有的一手信源都是可验证的。它拥有完整的修订历史，并且其中的数据是可分叉（可复制）和可下载的。

作为"第四等级"，新闻界将让社会上其他人承担责任视为己任。作为"第五等级"，社交媒体是社会让新闻界承担责任的方式。如果公民之间不能做到信息互通，就不可能有"知情的公民群体"（informed citizenry）。将社交媒体视为"第五等级"这一概念，可能是马克·扎克伯格的贡献中最长效的部分。

> 发声的权利与投票的权利一样重要。

创建预叙事新闻

好 10 倍的《纽约时报》会是什么样子？它将：

→ 能够对所有文章进行版本控制。
→ 拥有开源的自然语言处理工具。
→ 发布可复制且标明引用来源的新闻报道。
→ 拥有公民记者而非企业记者。
→ 进行去中心化的事实核查。

也许这就是记者和投资者自己阅读的"原始"新闻，也就是路透社所声称的中立资讯。我们称其为预叙事新闻。如今，体育赛事比分或股价走势更接近于这一概念。

通过观察我们总结出一个关键信息：**许多媒体发布的内容都是围绕公共数据结构展开的文字或视频。**体育文章通常是对分数的包装，财务文章通常是对公司财务状况的包装，许多文章和新闻广播都是对推文的包装。

新闻最终将全部以事件信息流为基础。如今，许多事件都以数字化的方式被记录在单独的数据库中。最终，这将成为一个巨大的信息流。私人数据将被加密，公共条目将可以互相关联。这种全球性的链上事件信息流将取代报纸，成为历史真正的初稿。

数字时间戳可用于确定从专利的真实性到照片的伪造性等一切事物。公民记者可以获取这些去除情感的"原始"事实，添加自己的叙事以理解它们。

另一个有趣的想法是降低有极化倾向内容的排名。如今，我们可以对内容进行实时分析，以查找并判定极端用词和争议性论断。这比事实核查容易得多。

如果脸书或推特愿意的话，它们现在就可以做到这一点。《纽约时报》和《华尔街日报》也可以，但这样做会降低其用户参与度，从而损害其利润。

> "重要信息流"与"新闻信息流"有很大区别。重要的事情往往不是新鲜事，而新鲜事往往也不重要。

将事实与叙事分开

我对媒体未来的愿景涉及预言机（oracle）和提倡者（advocate）。预言机可能是一种在链上写入数据的传感器，例如，它可以是一台测量温度的机器。你可能认为这微不足道，但一旦这类机器的数量剧增，其价值不容忽视。例如，你可以在关于气候的讨论中使用可被加密证明的记录。

预言机是第一层级，也就是基础层。它们提供原始事实，也就是直接来自传感器的信息。传感器可能会骗你，它可能会说温度是80华氏度，而实际上是30华氏度，但传感器具有数字签名，因此你可以查看其跟踪记录，将其与其他传感器进行比较，对其进行审核、

过滤 / 纠正，并让其他人也进行审核。

提倡者是第二层级，位于预言机之上。提倡者是人类。我们假设人类都有编辑判断力，他们不仅选择写什么内容，还选择内容的主旨。

提倡者选择纳入文章的具体事实，本身是可见的。现在我们可以量化编辑判断力了，因为文章背后有一层链上的原始事实。叙事变得有形，因为它显示了作者在故事中引用了哪些事实。事实选择也变得可量化，因为我们不仅可以看到故事中包含了哪些内容，还可以看到遗漏了哪些内容，这更为重要。

预言机和提倡者是去中心化媒体的两个关键理念。预言机将事物分解为纯粹的事实，而提倡者将事物分解为纯粹的叙事。

每个媒体机构都可以拥有一个不断更迭的公开关键词列表，它们是这些关键词明确的、无可辩驳的提倡者。订阅者和捐助者可以根据媒体对该事业的忠诚度为其提供资金。这样一来，我们就通过技术实现了价值观的调整。

记录总账是所有链上数据的组合，包含社交媒体报道、数据API、事件流、时讯和 RSS（简易信息聚合）。它需要数年时间来构建，但最终将成为支撑所有叙事的去中心化事实层。

我们可以将记录总账视为去中心化的通信服务。所有个人和组织都逐渐从在中心化社交媒体平台上发布内容，转向在去中心化平台上发布内容。去中心化媒体将拥有一些内置属性，例如货币化、权限控制、传播控制和可编程性。

> "新闻"不是一篇文章,而是一张图,由来自多方的帖子、图像和视频组成。

成为公民记者

> 要么掌控一家媒体公司,要么被其掌控。

如果在笔记本电脑上写出一篇"伟大的美国小说",或在宿舍里创立一家价值 10 亿美元的初创公司是可能的,那么作为一个公民,在不接触任何传统机构的情况下摘得年度新闻的桂冠绝非天方夜谭。

我相信公民记者,就像我相信独立开发者一样。中本聪向我们展示了一个人能做到什么,斯诺登也是如此。2013 年,斯诺登需要勇敢的格伦·格林沃尔德的帮助,但下一个斯诺登可以独立完成他的事迹。

写作就是战斗。虽然不那么显而易见,但事实是,没有人会去报道那些手握重权的终身制官僚。一位在被政府封锁的领域拥有专业知识的公民记者,可以通过培植消息来源、撰写文章和指名道姓来改革过时的法规。

开源文化将闭源软件公司转变为更道德、更开放、更具商业可行性的公司,去中心化媒体也将致力于达成同样的目标。

> 我们对股东负有信用委托责任，那么我们对订阅者负有信息委托责任吗？

开国元勋们对常备军的担忧是，它与人民是分离的。这是一个拥有特殊权力的阶层，因此也充满诱惑。常设媒体与之类似。解决这两个问题的办法是让公民参与进来。如果你不做新闻，就会有人把你做成新闻。

答案并不是去创建一家新的典型媒体公司。毕竟，像 Vice、Vox 和 BuzzFeed 这样的新媒体公司，都发现自己被卷入了同一个以布鲁克林为中心的文化中心化媒体圈。不同的公司，相同的人，相同的社交网络。

这就是为什么我们需要去中心化媒体。推特是去中心化媒体的第一版，Substack（美国一个自媒体式的内容发布与传播平台）是第二版。我们正在向个体公民记者模式转型，并远离媒体公司。也许将来会出现"全栈作者"，他们既能撰写文章，又能制作电影，一手包办各种内容，就像全栈开发人员一样。

几个原则：

（1）每个公民都是公民记者。
（2）每家公司都是媒体公司。
（3）媒体具有成长性。

伟大的记者可能成为百万甚至亿万富翁。不要再买卖电影版权了，你应像 Notch（马库斯·阿列克谢·泊松）制作《我的世界》一样，自己在电脑上制作电影，然后直接出售。纳特·西尔弗和安德鲁·索尔金是早期践行这一理念的记者。个人媒体公司会有像美国知名创业孵化器 Y Combinator 一样的发展空间。

加入新的媒体社群

"付费粉丝"（dollowers）是未来媒体的重要组成部分。普通粉丝是不付费的评论者，订阅粉丝是安静的付费支持者，而付费粉丝是深度参与并向创作者支付费用的人。他们通常支持个人而不是机构。

Substack、Patreon 和 Ghost 等平台允许创作者针对付费粉丝进行优化。与单纯点个关注不同的是，付费关注是一种稀有且有价值的行为。在互拼想法的战场上，付费关注比关注或转发更重要。我们可以编写应该得到支持的创作者名单，并为名单中的创作者组织大规模的财政支持。

与本地报纸不同，新媒体社区是基于意识形态而聚集的，而不是地理上的远近。若个人创作者能对自己的作品负责，那么新时代的"报纸"就是不同个人作品的动态组合。

加密支付可以保护每个人的隐私，证明谁是真正的支持者，并允许跨境支持。最终，加密货币将允许创作者引用链上事件，作为证明其预测能力或防止被删除的一种方式。一个由 10 000 人组成的社区，每人每年花费 1 000 美元，就能以每年 10 万美元的价格支持

100名个人创作者。道德信号可以转变为价值信号,例如,你为我们社区的创作者付出了多少?你自己又创作了什么?

如今,每年1000美元可不是小数目,有些人可能只能贡献100美元,甚至10美元。但1000美元对于很多人来说并非不可承受,尤其是当他们真正相信一项事业的时候。在财务上支持一项事业,给那些想要有所作为的人提供了一件具体可做的事。要么资助,要么创作;要么付费,要么建设。这一原则适用于开源软件、艺术、写作等许多领域。我们可以拥有一个由工程师、艺术家和作家组成的社区,他们都在付费粉丝的支持下为一个共同的目标而努力。

> 优秀的作家和艺术家应该得到奖励。我们只需要改变激励措施。

懂数学和科学的人,有管理和投资经验的人,技术上追求进步而非保守的人,都需要学习写作、报道、出版和导演技能。我们需要有意识地建立一个由技术驱动的去中心化媒体生态系统,并让它成为任何想要了解技术的人的第一选择。

针对这一理念,我们拥有世界各地的盟友。只有最富有的人才会怀疑技术进步的价值。对于数十亿刚刚获得第一部智能手机的人来说,他们的生活得到了显著的改善。他们太过务实,不会把过去的经历浪漫化。

有科技背景的人并没有把撰写有关技术进步的文章当作一种义

务。我们需要从百忙中抽出时间，以高质量的方式反复证明，技术进步是我们为世界繁荣、经济增长和生活本身所能做的最重要的事。

我们可能无法延长寿命，或获得整套超人类技术（脑机接口、干细胞、CRISPR 基因疗法等），除非我们在网上大力倡导这些理念。倡导途径不仅限于推文，还有文章、视频、专题片，甚至要达到整个网飞原创资源库的规模。

我们需要创建一个并行的媒体生态系统，其中充满了为技术进步所打造的启发性内容。那是值得毕生追求的内容，它为不朽的财富、无限的疆域和永恒的生命提供了支持。

> 媒体公司反对言论自由的原因与微软反对免费软件的原因相同。它们是营利性公司，想要消灭所有竞争对手。
> 但它们终将败下阵来。每个公民都在成为记者，而每个公司都在成为媒体公司。

PART THREE
BUILDING THE FUTURE

第三部分

构建未来

要想撞大运,首先你得学会抓住机会。

第九章
相信

培养富足的心态

> 作为指导思想,"赢且助人赢"将永远胜过"自己活着,也让别人活着"。

你需要的是双赢的心态,而不是"桶里的螃蟹"(底层互害)的心态。有"赢且助人赢"的心态就更好了。你的胜利有助于你帮我获胜,反之亦然。"赢且助人赢"实际上是实现长期利润最大化的一种策略。当"桶里的螃蟹"没有足够的资源时,最终没人会获得资源,因为大家都在互相钳制。"赢且助人赢"实际上是技术和风险投资的运作逻辑。

作为一个社会,我们的指标体系很糟糕。相较于GDP、人均GDP或股市,也许我们更应该拥有显示预期寿命(健康)和净资产(财富)的仪表盘。优秀的领导者能够为个人和全社会改善这些指标。

我的论证过程是,大多数人不能告诉你如何计算GDP,但他们可以告诉你净资产和预期寿命意味着什么。他们知道这些数字上升的意义，也知道让这些数字上升是有价值的。如果你的这些指标在提升，那么你的生活就会有所改善。

> 善良：利他不利己。
> 聪明：利他又利己。
> 邪恶：损人而利己。
> 愚蠢：损人又损己。

在互联网上，我们看到的一切事物都具备更多的优缺点。技术专家更关注优点，因为收益应该是复合的，而损失应该是偶发事件。一旦找到成功的秘诀，你就可以快速扩大生产规模以降低成本。随着时间的推移，这会带来更多的净收益，就像过去的每一次技术革命一样。

> 如果没有可构建的东西，任何思想运动都会退化为地位竞争。参与者会认为，自己有理由指出他人的不足，却无须承担构建他们真正想要的东西的责任。

创造自己的财富

很多人不认为财富可以被创造。我给他们举的第一个反例是，史蒂夫·乔布斯是从谁那里偷走了所有的苹果手机？如果财富是一场零和游戏，一个人的收益就是另一个人的损失，那么这些手机从何而来？这个简单的例子表明，财富是可以被创造的。利益总是与恶意相伴相生，相信这一点的人出人意料地多。财富创造总会吸引自以为有权的财富掠夺者。

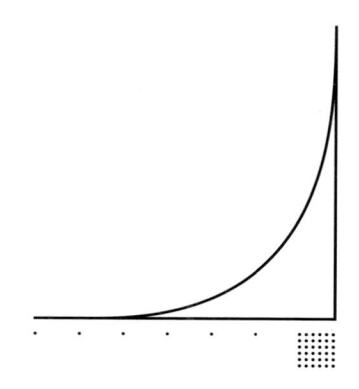

每个人都想要从收益中分一杯羹，但没人愿意分担风险。

你在创造财富的过程中雇用的人越少，人们就越难指控你"剥削"他人。一些软件企业家靠自己赚了数十亿美元，就像 J. K. 罗琳靠写书赚得盆满钵满一样。中本聪（比特币）和 Notch（《我的世界》）

就是早期的例子。

价值创造越接近纯粹的写作，即直接从头脑中输出符号，输出这些符号的人的价值就越难被否认。

你可以在计算机上编写一个软件，然后建立一个网站，人们就会为你的软件付费。你实际上是在做什么呢？无需自然资源，只需敲击按键，你就造出了一套令人愉悦的电子配置。

从根本上来说，你从无序中创造了秩序，把随机排列的 0 和 1 变成了更有用的组合配置。互联网允许你复制你的作品并向世界各地的数百万用户传输你的作品，而他们只需点击几下即可为之付费。

> 权力使人屈服，金钱使人信服。

我们还没有合适的指标来衡量财富创造力。我们可以衡量企业的盈利和亏损，但我们还没有一种公认的方法来量化企业自愿交易所产生的财富。

金钱看上去是局部零和的（一次交易后，A 少了 1 美元，B 多了 1 美元），但实际上金钱在全球范围内是正和的。在自愿交易中，A 和 B 都获得了财富，因为他们都从交易中获得了非金钱利益。

财富的创造就是技术相关的秩序创造。这就像一堆砖头和一座房子、一堆木头和一把椅子的区别。你可以在物理空间中看到这些差异。

当人们对现实生活中的财富创造感到困惑时，他们会说："你一定是从别人那里得到了砖块和木头。"然而，大部分价值存在于这些材料秩序化的过程中。通常，原材料的价值远不及组装过程的价值，后者代表着将原材料组装在一起所需的专业知识、机器和付出的努力。

计算机上的例子更明显。创造一个新软件的过程很纯粹，没有材料成本，只是创造了一种新的电子配置，没有人会说你是从别人那里拿来的。

实现财务独立的简单公式

> 你需要的钱越少，你对外界的依赖性就越小。

在任何机构中，你都很难直抒己见，尤其当你是首席执行官的时候。在过去的一年半里，我才真正能够在更大程度上做到直抒己见。

在我的第一次大规模资产变现之后，我经历了大约 10 年的个人缓冲期（大约 10 年没有去工作）。从某种意义上说，那时我变得近乎无敌。存钱和脱离组织使我在思想上变得独立，这就像给自己授予了终身职位一样。

我不买车，也不买房。当我赚到一大笔钱后，只要能用钱换来时间，我都会这么做。这是我做出的最大的改变。我花钱是为了让自己能更努力地工作，这听起来很滑稽，但却是事实。

我不是一个消费型的人，而是一个产出型的人。我不会在一件事情上烧钱。一切都将进入下一个复利循环。这不仅意味着金钱的复利，尽管金钱是一个重要的工具。知识也能在其他知识的基础上实现复利增长，影响力同样如此。

> 一旦你取得了第一次成功，你就会建立起一次又一次取得成功的信心。

将你的生活成本降至原来的 1/5，比将你的净资产增加 5 倍要容易得多。如果你愿意，你可以搬去偏僻的地方并减少开支，只阅读电子书，并靠简单、健康的食物生活。你基本可以把消费降低到大学毕业生的水平。

然后，你可以从一个在旧金山工作、年薪 12 万美元、年支出 10 万美元、没有积蓄的人，转变为在印度尼西亚的巴厘岛工作、年薪 12 万美元、每年只花 3 万或 4 万美元的人，后者的生活质量更高。现在，你每年的银行存款有 7 万或 8 万美元，而你的年支出只有 4 万美元。因此，你每工作一年，都会为你积累一到两年的休假时间。你可以用这段时间来创办一家公司，就像对自己进行天使投资。这是你实现经济独立的另一种方式。

去打造你的个人缓冲期吧。减少开支以实现经济独立的基本算式如下：

你当前的储蓄额 ÷ 你每年的开支 = 你的个人缓冲期（年数）

经济独立也意味着个人和意识形态的独立。如果你经济独立,大众就无法在经济上控制你。任何人都可以通过削减消费来培养财务缓冲能力,如果你拥有这种能力,你就可以笑对一切挑战。

最理想的早间状态是想什么时候起床就什么时候起床。

从小事做起

如今,我们将初创企业与硅谷、计算机科学和风险投资联系在一起。过去的初创企业是其他行业的企业,比如美国19世纪的石油、钢铁、制药和电报企业。汽车、航空和电话行业的企业都可以被称为"过去的初创企业"。

美国礼来公司是一家从药房发展起来的大型制药企业。伊莱·礼来上校在一家药店后台工作时创建了一家医药批发公司，他第一年的营业额为4 470美元。这些公司的创业故事非常有趣，值得了解。当你想到石油、钢铁或制药时，你不会马上想到要在自家车库里创立一家这样的公司。但有些人就是这么做的。

塞缪尔·基尔在旧金山市中心的第七大道和格兰特大道开设了一家炼油厂，这是疯狂至极的行为。炼油厂设施通常耗资数十亿美元，在城市的公寓里开办炼油厂几乎是个可笑的想法。然而令人惊讶的是，这就是炼油工业的起源。

1921年，班廷和贝斯特提出了用胰岛素治疗糖尿病的想法。到1922年，他们已经提取了胰岛素，在自己和动物身上进行了测试，并将其注射入患者的手臂中。1923年，班廷和贝斯特获得了诺贝尔奖。

鉴于当今监管环境的限制，在这样短的时间内完成这一切在今天是不可能的。推出一种药物大约需要10年时间和40亿美元。重要的是，你不能就这样推出一种药物。制药公司不可能以快速行动、打破常规为理念，至少在当代美国不行。你需要对风险容忍度更高的环境，我们今天所处的环境并非如此。

当航空业被发明时，还没有波音公司和美国联邦航空管理局。从1903年到1926年《航空商业法》颁布，天空是完全开放的，没有太多规则。致命的坠机事故屡见不鲜。而那时，莱特两兄弟可以把一家自行车店变成一家飞机公司。

> 你能相信莱特兄弟在没有获得美国联邦航空管理局批准、没有任何集体决策的情况下就飞上天空了吗?
> 他们决定起飞,只是因为他们能够这么做。

在竞争对手和法规设置准入壁垒之前,这些先驱者还有一段时间的先发优势。混乱的创新过程导致了大量源于炼油厂火灾、火车碰撞、汽车爆炸、飞机失事和药物过量的死亡事件。起初,这被认为是进步的代价。

随着时间的推移,拥有更高质量产品的竞争对手出现了,将销售不成熟产品定为犯罪的法律法规开始生效。准入壁垒增高,挑战现有企业所需的资本也随之增加。在这些行业中,白手起家变得更加困难。

这些行业最重要的早期特征是:(1)创业资金成本低;(2)在监管、技术和物理方面,环境开放,空间广阔。

寻找边疆

没有边疆,一切都将变成零和游戏。

在争夺任何稀缺资源时,如果一个团体选择合作,而另一个团体不合作,则第一个团体往往会获胜。这就是为什么人类倾向于分化为两个派系,并为稀缺资源而相互争斗,直到一个派系获胜。获胜的一方会享受短暂的蜜月期,之后往往会分裂成新的左右派系,再次开始争斗。

　　法国大革命后，出现了各种不同的派系。第二次世界大战后，曾经结盟的美国和苏联开始了冷战。冷战结束后，获胜的美国内部出现两极分化。一个强有力的领导者可能会暂时阻止这种情况发生，但胜利的群体会分裂为左右两派几乎是一条社会物理学定律。

　　当边疆开放时，一切都会改变。无人涉足的新领域意味着资源突然不再那么稀缺。一个备受欺凌的群体可以选择离开而不是战斗。未来的革命者不必再试图推翻统治阶级，他们可以选择前往边疆。

　　19世纪末，美国历史学家弗雷德里克·杰克逊·特纳发表了一场颇具影响力的演讲，将边疆视为美国历史的驱动力。他说，边疆在以下几个方面对美国至关重要：边疆是野心家寻求财富的途径，是民族的志向（命定说），边疆的不毛之地也是社会实验的场所。

　　边疆的闭锁让有雄心壮志的人失去了前进的道路，因为他们无法很容易地在自己的土地上创业。他们转而成了工会组织者、革命者或煽动者。没有边疆，一切都变成了零和博弈。

　　这种模式在历史上一直存在。1492年至1890年的边疆开放时期，是欧洲和北美的伟大鼎盛时期，而1890年至1991年的边疆封闭时期，则是其全面战争时期。

　　技术是文明开启新大陆的方式。奥斯曼帝国封锁了通往印度的已知航线，哥伦布需要使用新的航海技术来寻找新大陆。实际上，过去几十年来，互联网一直是边疆领域，而有了加密技术后，这种情况可能会持续下去。

> 人们总是忘记,整个数字革命的每一步都是多么的隐晦。
> 1995 年:"万维网将会失败。"
> 2002 年:"谷歌将会失败。"
> 2007 年:"苹果手机将会失败。"
> 2013 年:"脸书将会失败。"

数字边疆的和平再开放有望带领我们再次进入一个伟大的时代。美国的一些机构正试图封锁这一边疆。这将使 20 世纪我们经历过的铁笼争斗重演。

有了足够的技术和智慧,我们就可以摆脱这些政治障碍。我们不仅可以重新开放数字边疆,还可以重新开放物理边疆,包括偏远的土地、海洋,甚至太空。

如今,有 4 种边疆类型:陆地、互联网、海洋和太空。以我们当下的处境来看,目前有 77 亿人居住在陆地上,32 亿人活跃在互联网上,200 万~300 万人生活在公海上,而太空中只有不到 10 人。

创造边疆很重要。边疆为先驱者提供了创新空间,而不会影响那些不同意进行这样的尝试的人。

坏领导实行分化，好领导鼓励创造

> 没有什么比无能的领导代价更大的了。

民族主义国家内部团结，一致对外。民族主义积极的一面在于，它可以阻止内部冲突，使人们因为共同的事业而团结一致。民族主义有害的一面在于，人们往往过于狂热，以至于民族主义（或爱国主义）转变为偏激的极端爱国主义、沙文主义或帝国主义。

在资本主义社会，人民团结的基础是市场中共同的事业。在这种情况下，击败他人不意味着杀死他们或发动战争，而意味着在市场上以自愿的方式与他们交手，而对方可以和平地屈服。冲突被虚拟化了。资本主义是正和的，因为你正在创造有价值的东西。你可以领导一个非常大的群体。资本主义企业的规模可以非常大。我认为我们还没有看到企业规模的极限。

最高层次的领导力是技术领导力。它不是简单的正和资本主义，它为市场带来了新事物，并实打实地推动了人类的进步。例如，你不只是在创立一个生产椅子（这是有价值的）的传统公司，而是在建造宇宙飞船，做一些以前从未有人做过的事。

从民族主义者转变为资本主义者、技术主义者，难度会变得越来越大，但从中长期来看，这会为社会增加更多的价值。所有其他群体都受益于技术主义者。飞机能飞了，火车也能跑了。我们现在认为这一切都是理所当然的，但恰恰是因为一小群人的努力，技术才得以发展壮大。

不要去争论，而要去构建

> 不要在推特上争论了。
> 去构建未来吧。

要想获得地位，最困难的方法是去构建、去完成、去增添价值，而最简单的方法是去指责别人是坏人。后者是一种获取地位的快速方法。你对现有系统的批判可能是正确的，但我们需要的是实质性的产品，而不仅仅是批评的言论。

不要去质疑监管，去创建优步软件。不要去争论货币政策，去构建比特币。不要为任何事情争论不休，去建立一个替代方案。不要用言语争论，去根据许多人无法参透的真相来构建产品。如果产品有效，人们就会购买。他人的不理解就是你的立命之本。

人们多年来一直在谈论公共选择理论、多中心法律体系、分布式订单和法定货币等思想。然后我们创建了爱彼迎、优步和比特币，这为人们尝试理解这些想法提供了短期的经济动机。确实，我们可以创造自我监管的环境，也可以拥有没有国家行为者参与的货币。

> 苹果颠覆了黑莓。

> 网飞颠覆了百视达。
>
> 亚马逊颠覆了巴诺书店。
>
> 这些项目不是为了扭亏为盈,也不是一种改革的尝试。那些旧的业务模式中没有值得保留的东西。
>
> 当传统机构无可救药之时,就去建立更好的机构,并取而代之。

创业的意义在于创造一些人们买不到的东西。如今,你无法用钱买到一趟火星之旅、一个神经植入体或者一台医用三录仪。在不久前的过去,金钱还买不到浏览器、搜索引擎或智能手机。当苹果手机还不存在时,人们只能去发明它。

我的想法是:"在实践中起效,而不是在理论上走通。"作为斯坦福大学的一名科学家,我目睹了很多理论上成功的东西,在实践中却是失败的。很多想法所需的逻辑恰恰相反,只有在实际构建出产品后,你才能钻研某些概念。

亿万富翁之所以是亿万富翁,是因为他们会编写应用程序。比尔·盖茨编写了微软第一个 BASIC 解释器。拉里·佩奇和谢尔盖·布林构建了谷歌的雏形。马克·扎克伯格构建了脸书的雏形。杰克·多尔西构建了推特的雏形。德鲁·休斯顿构建了网络文件同步工具 Dropbox 的雏形。加勒特·坎普构建了优步的雏形。鲍比·墨菲构建了照片分享应用 Snapchat 的雏形。

当然,存在一些例外。并非所有科技领域的亿万富翁都自己编写了其产品的初代版本。但他们都有能力推出可用的应用程序。这比想象中要难多了！

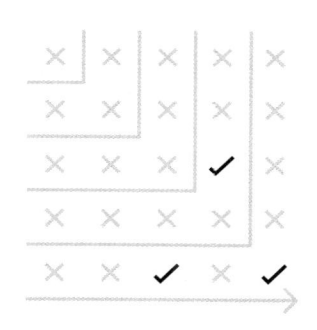

纯粹、顽强的坚持常常被误认为是运气。成功可能是一个小概率事件，但你会看到更多的因为坚持不懈而取得成功的样本。

许多人原本可能是尖刻的批评家、高傲的学者或专横的官僚，但当试图构建一些东西时，他们突然意识到构建、管理和盈利（成为身处竞技场上的那个人）有多么困难。

对于记者来说，尝试进行种子投资是有益的；对于教授来说，了解知识产权商业化实际涉及的内容是有好处的；对于学者来说，尝试编写理想的隐私政策是有意义的；对于经济学家来说，为 GDP 做出实际贡献是有价值的。

我们正在进入建设者的黄金时代。想想开源、3D 打印、应用商店和众筹吧。一个人可以降低风险、制作原型并接受来自全球各地的付款。

想要影响科技的发展方向,要么拿起键盘开始行动,要么投入资本承担风险。**你可以建造一些东西**,而那些不会建造的人只会四处空谈。全球数十亿人中,越来越多的人开始拿起键盘,他们明白空谈和实际去创造东西相比,哪个更有价值,哪个效用更大。

> 真正愤世嫉俗的人和真正温顺的人有一个共同点:他们从不采取大胆的行动。

第十章
创立

每个初创公司和每个项目都始于一场幻觉。一开始,想法只是写在餐巾纸上的寥寥数语,没有任何意义。但自始至终,在每个阶段,你都必须相信它会获得远大于现下的成功。

> 创始人通常是那个唯一有信誉、可以为了更大的长期收益而付出巨大的短期成本的人。

美国东海岸非常注重传承。这显然与财富继承有关,但也关涉家族姓氏的传承,例如肯尼迪和布什。人们继承整个机构,就像默多克家族、格雷厄姆家族和苏兹伯格家族继承报纸一样。

这与美国西海岸模式有很大不同,西海岸模式是关于创立的。SpaceX、亚马逊、脸书等都不是继承来的。它们都是从零开始创建的。

创始人靠其掌控公司的合法性(legitimacy)和能力脱颖而出,与仅仅因合法性(通过继承或选举)而被选中的人不同。创始人需要从零开始构建新的体系。

马克·扎克伯格为何担任脸书的首席执行官?因为他创立了脸

书。他 20 岁就担任了首席执行官，靠的不是说服 30 亿人的一张嘴。他获得的每一份支持——一名员工、一位用户、一个广告客户、一个反向链接——都是随时间的推移逐渐积累的。这涉及一系列一对一的交易，其间他给予每个人的利益都比其之前得到的更多，这促成了双赢交易。这些资源不断涌入，整个过程很快，资源呈指数级增长，但它并不是在一天之内暴增的。

这就是创立和继承之间的区别，也是同时选择合法性和能力与仅选择合法性之间的区别。

> 国家比任何一个人都拥有更多的钱。NASA（美国国家航空航天局）支持 SpaceX 的原因是技术不再受资本限制，而受能力限制。

今天，我们许多领导者的选拔只基于其合法性，而非其能力。这意味着他们能接管公司是因为他们是创始人的第五代后裔，他们顺理成章地从上一代手中接管了工厂。这是合法的。但这位第五代继承人最初可能没有能力创立这家工厂。如果工厂需要从生产 T 恤转向生产口罩，继承人可能无法使工厂实现这一转变。

只基于合法性的选择通常意味着一个机构的现任领导人没有从头开始创立它的能力。纽约第 75 任市长和美国第 50 任总统并不是那种能够从无到有建立新制度的人。

创始人既不是独裁者也不是官僚，因为他们获得地位的方式是合法的，他们本人也是有能力的。官僚是通过选举获得地位的，独裁者是通过权力获得地位的，两者都不是因为个人能力而被选出的。

选拔机制确实非常重要，因为领导者需要理解的不仅仅是系统的当前状态，还有实现该状态的路径。

人们倾向于认为一个机构既然现在还存在，或已经有数百年历史了，就会持续存在下去。但我认为，许多早于互联网出现的机构并不能轻易地在互联网大潮中生存下来。这些继承而来的机构能力欠缺，而且其合法性也逐渐不再被人们所接受。人们已经对银行、媒体、政治和中高等教育失去了信心。

我们应以不同的方式看待由创始人领导而非由继承者领导的机构。

马斯克、切斯基、蒂尔和其他财富创造者的正确头衔是"创始人"。东海岸继承财富的名门子弟则是"裙带关系者"。简单地用净资产来描述一个人，就忽略了他是否创造了财富。"亿万富翁"并不是一个合理的归类标准。

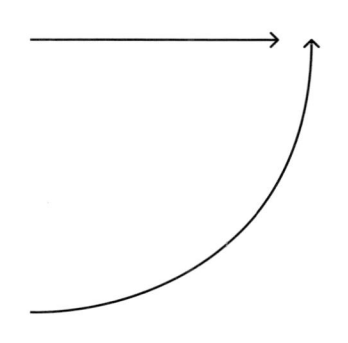

天生富有与后天富有之间有着巨大差异。

初创公司只是一种载体。如今它很重要，但开源项目、加密协议、非营利组织和个人的修修补补也很重要。个人发明家甚至不需要注册公司。创新的载体种类不一而足，我不会太关注载体本身。在我们所处的时代，初创公司是一种重要的创新载体，但不是唯一的。

除非你有取得成功的强烈信念，否则不要创业。你需要超越经济利益的驱动力，因为创业非常困难，这世上有比创业风险低得多的赚钱方式。创业是一条压力极大的通往无限的道路。

研究

创立一家公司意味着你需要开始在巨大的创意空间中进行搜索。你要创立的是一家基因组公司、机器人公司还是机器学习公司？你可以按当前或潜在的市场规模对创意进行排名，但这么做也存在缺陷。如果只看出租车的市场规模，你永远不会相信优步能建立这么大规模的公司。

起初，你设定的目标应该是定性的。你必须有一些意识形态上的、动机上的、启发灵感的，或者笼统来说精神层面的成分，来解释你创立一家公司的初衷。

以你想要这个世界达到的最终状态为目标开始行动，例如青春长驻、登上火星或建设新型城市。你的目标不必那么雄心勃勃。通常它源于某种激情，这种激情大多是正面的，但有时也是负面的。例如，你可能讨厌医疗保险的运作方式，并想要去修正它。

有了想法之后，你需要审视所有可能成功的商业模式，并且自问，如果这想法可行，会产生什么影响？你能赚到足够的钱来使其成为一项有价值的投资吗？

你需要建立定性和定量之间的桥梁。定性的目标就像罗盘的指向，而定量指标衡量的是你沿着罗盘指向航行的进度，但你无法使用这样的指标来选择前进的方向。

一开始，你的目标是定性的、任务驱动的。一旦你获得了数十个企业客户或数千个消费者客户，你就可以开始考虑优化你的目标。你的终极目标是商业利润，你需要行业内更具体的指标引导你获取利润。

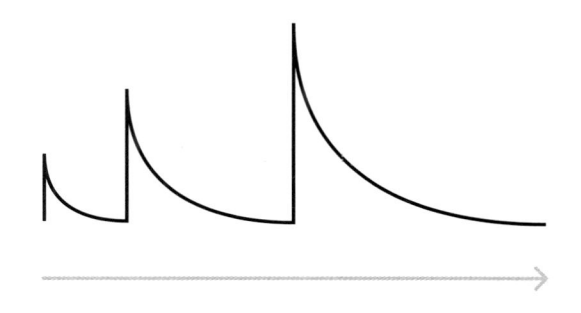

逆势而行是暂时的。在你说服所有人你是正确的之前，你是逆行者。然后你的想法就会成为主流观念。周而复始。

如何想出一个好点子？

优秀的创始人不仅有想法，还能够鸟瞰创意迷宫。大多数时候，人们只看到一家公司的历程和结果，却看不到人们未曾涉足的路，也根本不会想到那些踏入各种陷阱并在接触到客户之前就消亡的公司。

迷宫是一个很好的类比。有时候，有些陷阱是你无法跨越的。有时候，只有在迷宫的一个特定区域获得宝藏后，你才能战胜特定的怪物，并进入新的市场。有时候，迷宫会随着时间推移而变化，新的大门会随着新技术的到来而开启。有时候，有些陷阱你自己无法跨越，但别人却可以。有时候，只有当一家公司达到一定规模时，陷阱才会显现出来，而只有在装备新武器后重新进入迷宫才能跨越陷阱。

一个好的创始人能够预见哪些决策会引向宝藏，而哪些决策会导致灭亡。

如果一个创始人跑到迷宫的入口时，还对行业的历史、迷宫里的玩家、过去的伤亡状况、可能移动墙壁和改变假设的技术没有任何了解，那他就是个糟糕的创始人。

一个好的想法应具备对想法迷宫的鸟瞰视角，你需要理解想法在分支决策中的变化，并对每种情况的最终结果进行推演。任何人都可以指出迷宫的入口，但很少有人能想通所有的分支道路。

如果你能编写并绘制一个包含多种选择的复杂决策树，解释为什么你独有的迷宫导航计划能够让你的公司比过去那些在迷宫中灭亡的公司表现得更好，且可以战胜当前在迷宫中迷失的竞争对手，那么你已经在相当程度上证明了你拥有一个别人未曾有过、如今也没有的好点子。

在这一过程中，历史视角和市场研究是关键所在。一个强有力的全新的迷宫导航计划通常需要对市场的潜心研究，以及其他人未曾有过的独特洞察力。

> 科技公司聚焦技术经济创新。

由于人性在时间和空间中是不变的，他国和过去留存的文化都值得研究。你可以看到在其他地方有效的方法在我们的国家和文化中可能也同样有效。了解行业历史的企业家知道哪些假设将因新技术的到来而失效。

对于像 SpaceX 这样的科技公司来说，永恒不变的物理定律是起点。这些定律告诉你原子如何碰撞和相互作用，对它们的研究可以让你做一些前人从未涉足的事情。物理定律蕴含高度压缩的信息，它是无数科学实验的结果。你要借鉴人类经验，而不是试图从头开始推导物理定律。

历史是我们所拥有的最接近人类物理学的东西。它提供了许多关于人与人如何相互碰撞和互动的描述。正确的历史研究过程压缩编码了无数社会实验的结果，由此你可以学习人类经验，而不用从头开始推导社会法则。以史为鉴，才能避免重蹈覆辙。

○版本1　○版本2

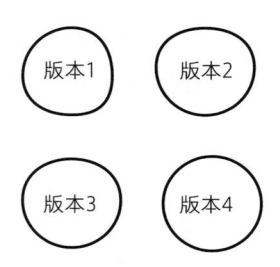

○版本3　○版本4

也许有人质疑你"正在重新发明轮子"（浪费时间做无用功），这无伤大雅。多年来，轮子已经被重新发明了很多次。现代轮胎与古代战车车轮并不相同。对于同一样东西，有时我们需要升级版本。

人们应寻找自己的成功道路，这一点被严重轻视了。不要只看TechCrunch（美国科技类博客）或推特上的成功案例，有些人之所以成功，是因为他们关注竞争对手并围绕竞争进行战略调整。他们只是行动迅速的追随者。

以推特或 TechCrunch 的模式来实现真正的创新是非常困难的。为了创新，你必须摒弃很多硅谷的思维模式。我无法想象中本聪是通过研究 TechCrunch 才产生了发明比特币的想法。这是一个史无前例的想法，之前没有在主流技术界得到验证。

摒弃硅谷的思维模式往往是获得巨大影响力的最佳方式。在那之后，硅谷可能会认识到你是一个真正的创新者。一些重大创新就是这样出现的。马斯克创立 SpaceX 并非受到某篇文章的启发，此前没有人写过太空赛道是下一片蓝海。商业航天以前并不被认为是企业家所能染指的事情。

创业者应抛开科技人士们谈论的一切，在人类文明的其他部分寻找技术尚未涉足的领域。那将是机会所在。

如果你在《华尔街日报》或《纽约时报》上读到了某项所有人都在谈论的技术，那么它可能——并非总是如此，但很可能——已经开始失去自身的一些价值。许多公司已经在该领域进行布局，因此竞争会非常激烈。你需要寻找的是那些还没有得到太多媒体关注的技术，是那些在斯坦福等地的实验室中仍处于起步阶段的技术。

> 每当新技术出现时，请弄清楚如何用其引领变革，同时最大限度地降低技术和法律风险。

高德纳技术成熟度曲线是我经常提到的一个基本技术概念。某触发性事件发生后，人们对新技术感到非常兴奋。人们尝试使用它，却发现很难，这使得所有人都士气低落并逐渐放弃，陷入了幻灭的低谷。那些在低谷期坚持下来的人，才能真正让梦想照进现实。

这种情况在互联网泡沫时期出现过。2000年，互联网被大肆宣传，每个人都热情高涨，但它却崩溃了。最终浪潮退去，留在沙滩上的是我们所熟知的这些大型企业。卡萝塔·佩蕾丝在《技术革命与金融资本》一书中阐述了这一现象的来龙去脉。

除了实验室中无人知晓的技术，人们已经放弃的技术也是潜在的机会。寻找人们认为"完蛋了"或不起作用的事物，并找出原因。

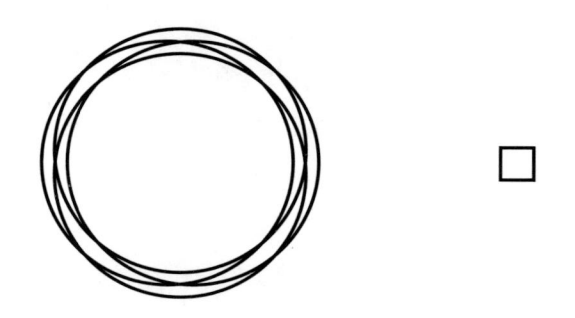

创新和共识是反义词。新想法从定义上来说就是不受欢迎的。

构思

在所有关于初创公司的定义中,最好的一个可能是保罗·格雷厄姆的:初创公司的本质是增长。初创公司是一家以极快的速度发展的企业。快速增长通常需要某种新技术来推翻现有假设,无论这些假设来自现任政客、老牌企业还是主流想法。

陈述偏好是指称赞某样东西,表达偏好是指人们实际购买某样东西,二者之间的鸿沟是催生创业点子的不竭源泉。

> 你可以谴责虚伪,也可以从这种不一致中获利。

我经常使用的一个思维框架涵盖了如下演变过程:从物理版本

到中间形式，再到互联网原生版本。如果你对电气工程感兴趣，你可以将其视为从模拟到模拟/数字，再到数字原生的演变。

我们的文本载体从纸张过渡到由扫描仪扫描的数字版本，然后再演变为于计算机内部创建的原生数字文本文件。面对面会议已经演变为以扫描面部为基础的Zoom视频会议，之后或许将很快过渡到原生数字VR会议。同样，实物现金演变为了信用卡和PayPal（对现有银行系统的一种"扫描"），然后演变成了货币的原生数字版本，也就是加密货币。

一旦你注意到这种模式，你就可以在任何地方发现它。寻找那些仍然以扫描版本为主导的领域，也就是那些把线下体验放到网上，但没有从根本上进行创新的领域。这些领域都蕴含着创新的良机。

在做那些完全可以在计算机上完成的事情时，我们的生产力得到了显著提高。发送电子邮件的速度比邮寄信件快100倍，但发送还是需要行动缓慢的人类进行操作。有种理论认为，如今人类才是自身发展的限制因素。

在线上（比如在谷歌文档中）展示一个项目可能不像我们想象的那样是巨大的生产力提升。人类仍然需要理解这些文件的含义。问题可能出在从模拟版本到数字版本的演变过程上。如果我们想要让实操速度与计算速度比肩，那么将零延迟机器人引入任务操作过程，就能实现真正的生产力解放。我们还未实现完全的数字化。只要人类还是生产的一环，我们就无法尽享数字化生产力的全部益处。

> 很多行业都会经历这样的演变：
>
> （1）人工服务
>
> （2）半自动化服务
>
> （3）全自动化服务
>
> 从人类到人机组合，再到纯机器。

"140个字符"这一说法听起来微不足道，"可重复使用的火箭"这一说法似乎不切实际，但这两个想法分别催生了推特和SpaceX。

当你试着将公司的核心竞争力还原为其所实现的功能时，你会得出一些发人深省的结论。我们可以看到，许多大型公司仅由一两个提供单一功能的人进行运营。

显然，谷歌搜索有不止一两个人负责其搜索功能，但它是一个价值数十亿美元的功能。其他符合条件的功能包括地理编码、人脸识别、机器翻译等。所有这些功能都具有简单的输入界面和高度复杂的后端处理。

对于一家软件公司来说，自身价值数十亿的功能是什么，这是一个很好的问题。对于脸书来说，它可以是允许广告商将广告展示给用户的功能，它的价值来自它的数据库。它当下可能不是一个单一功能，但也许它曾经是或将来可能成为单一功能。

对于拥有大量线下组成部分的公司来说，这个概念可能不太适用。优步的功能可能是获取两组（x, y）坐标，并把你从一个坐标运送到另一个坐标。我想你可以把它的功能看作你的GPS位置状态的一种更新，尽管它不是那么优雅。

每个成功的平台一定都有一个"撒手锏应用"。对于移动电话来说，撒手锏是短信和可视语音邮件。这些东西促使人们迈出了购买苹果手机的那一步，因为苹果手机是一个新平台。你可以在此用户基础上建立一家价值数十亿的公司。杰克·多尔西在苹果手机出现之前就创建了推特，因为他预判到，移动设备将会风靡全球。

他在推特实行的140字符限制源自短信的字数限制。没有人会为了用推特而专门购买一台苹果手机，但一旦他买了苹果手机，尝试推特也不会增加其使用成本。

从创业和投资的角度来看，你必须考虑战略问题。已有哪些类型的平台？哪些新平台可以解决人们的痛点？这个平台上还可以部署什么？

加密货币将成为上述新平台之一。人们获得加密钱包是件好事。一旦大多数人有了加密钱包，我们就可以部署各种新软件。

AR（增强现实）眼镜也正在发展，它可能成为第三代或第四代脸书。苹果和谷歌也在进行相关技术的研发，我们可能会同时获得一堆同类模型。就像期待苹果手机的到来一样，AR眼镜是一项完全可预测的发明，你现在就可以开始关注这一应用。

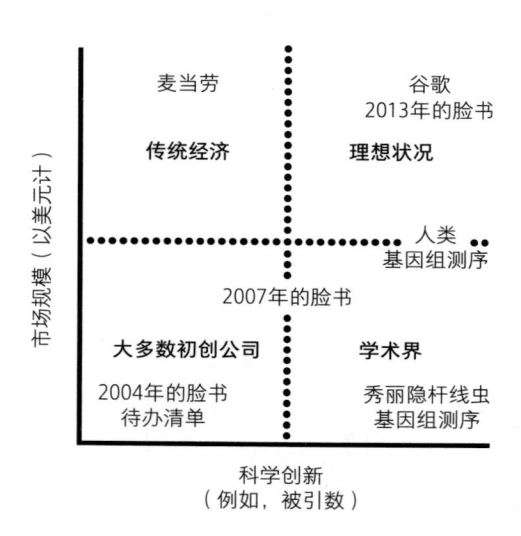

```
                    │
       麦当劳        │      谷歌
                    │      2013年的脸书
市     传统经济      │      理想状况
场                  │
规  ················│·············· 人类
模                  │              基因组测序
以                  │
美                  │ 2007年的脸书
元                  │
计                  │
       大多数初创公司 │      学术界
                    │
       2004年的脸书  │      秀丽隐杆线虫
       待办清单      │      基因组测序
                    │
 ───────────────────┴───────────────────
                   科学创新
                 （例如，被引数）
```

> 最好的企业家拥有足够的逻辑能力去思考不受大众欢迎的真相，同时有足够的社交能力让这些真相受到大众的欢迎。

如果你想利用软件技术来进军传统实体行业，一种选择是采用"全栈"模式。

仅替换过时的传统技术栈中的一层是很困难的。客户获取和整合成本可能会让你不堪重负。是时候采用全栈模式了。你可以重新发明和整合旧行业的多个部分，并获得更丰厚的利润。想想"由技术驱动的餐厅"与"用于餐厅的技术"的区别。

我与人共同创立了基因组学公司 Counsyl，我们发现仅靠销售生物信息无法让公司存活。因此，我们建立了完整的临床实验室、软件和全美销售队伍。我们不得不建立一家机器人基因组工厂，搞定保险范围、许可和临床整合工作。

除非你亲手完成过某件事很多次，否则你无法实现其自动化。你需要控制所有因素，并向人展示技术如何削减了成本。记住，对于许多传统公司来说，信息技术只是一个成本中心，它们只是在利用代码。我们生于这些传统公司的掌控之中，受其塑造。而进入新垂直领域的全栈参与者有极其多变的能力。你只需按一下按键即可改变你的产品。特斯拉汽车的空中升级（OTA）就是一个很好的例子。

以下是全栈创业想法的一些具体例子，涉及领域包括法律、医学、建筑、会计和餐饮。

→ 全栈律师事务所：所有合同模版化，以法律 API 为核心技术，并尝试深度缩减法律成本。

→ 全栈诊所：启用移动电子病历/电子健康记录、量化自我、基因组学、远程医疗等技术，雇用具有技术能力的医生。接受医疗保险，但最好是现金认购。

→ 全栈建筑事务所：将 API 作为新型建筑公司的核心。从数据中心等无人架构入手，以降低早期版本的风险。努力达成基于无人机和预制件的"一键造楼"的最终目标。

→ 全栈会计师事务所：给定一个银行账户，自动配备税务和尽职调查，以及具有合法签字的 S-1 文件（一种美国证券交易委员会要求的注册上市文件）。

→ 全栈餐厅：实现移动点餐、支付和预订。通过供应链整合对动态菜单进行 A/B 测试,并使用机器人进行备餐和配送。

如果以发展全栈为目标,请务必尽早与该领域的高管交谈。只需几句话就可以节省长达数年的时间成本,这些时间可以被用于确定关键成本的核心和堵点。你可以在起步时称其"不过是"一家新诊所/餐厅/会计师事务所/建筑事务所/律师事务所。大处着想,小处着手。先证明其可行性,然后将其规模化。

阶段化是全栈初创公司的关键。一开始要有完成全栈的雄心壮志,但之后,要仔细选择特定的升级顺序!如果可能的话,先在特定层沿用行业标准或现有模式,直到你有余力改进它为止。

> 任何在互联网出现之前创立的东西,都可能无法在互联网中幸存。

证实

初创公司必须表现出规模经济的特征。如果你正在创业,你应该志存高远,而不是满足于创立一家小企业。你的第一步是进行简单的计算,以确定企业是否有能力实现目标。

假设我们有一家初创公司,每件产品的售价为 1 000 美元,并且按照规模经济的规律,随着销量的增加,产品的单位生产成本会降低。

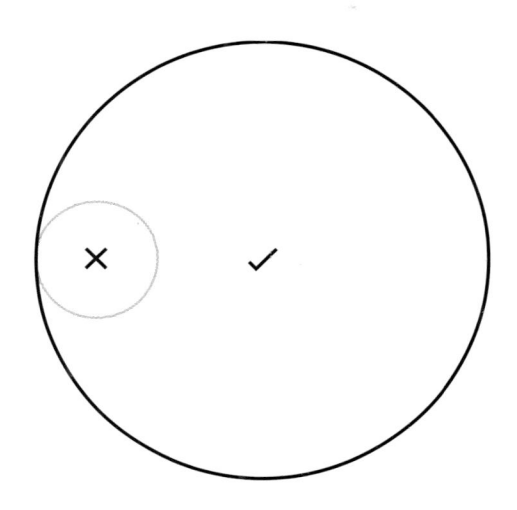

如果你要在两个你同等感兴趣的项目之间进行选择，那就选市场较大的那个。提前做好计算。

假设处理前100个订单的前期软件开发成本为50 000美元〔（1 200美元 –700美元）×100〕，另外用于支持1 000名客户的产品设计、制造和升级的固定成本为247 500美元〔（975美元 –700美元）×900〕。在这两项固定支出之外，初创公司需要支付的只有单位成本，例如客户服务和材料成本。

产品数量	单位生产成本	单位利润
$0 \leq N \leq 100$	1 200美元	1 000美元
$101 \leq N \leq 1\,000$	975美元	1 000美元
$1\,001 \leq N$	700美元	1 000美元

具有规模经济的产品：
成本随着产品销量增加而降低。

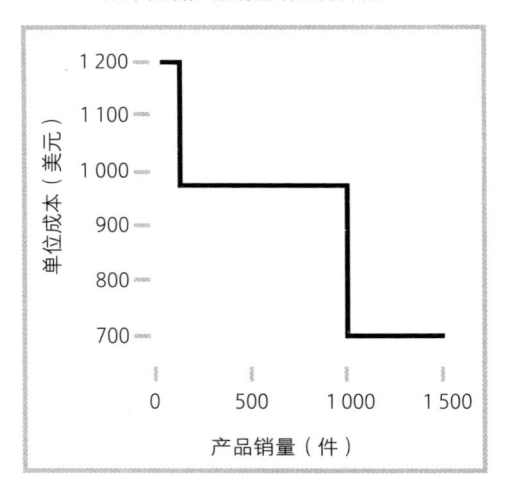

以上的简单计算说明了创业界的许多道理。第一，我们立即看到了将单位成本转化为固定成本（如软件）的重要性，以及为什么看似昂贵的前期软件开发从长远来看可以盈利。

第二，我们可以计算出企业到达盈亏平衡之前需要多少资金。

第三，我们意识到了定价的重要性。如果没有竞争限制，你希望一开始就制定尽可能高的价格，以尽快盈利。单价从1 000美元上涨到1 200美元将彻底改变企业的经济状况，使其不必再获取更多的外部资本。免费或大幅折扣吸引来的客户通常不那么重视产品，而且一反直觉的是，他们通常也是最难应付的客户。付费客户通常对产品的缺陷更为宽容，因为他们感到自己对产品有所投入。

第四，我们理解了为什么在没有形成规模的情况下，达成199美元或99美元的价位是如此困难。一个真正的产品有数十个或数百个成本组成要素，每个组成要素都有其在规模经济中所承载的功能。每一项成本都需要通过机器人、供应链优化、谈判等方式进行控制，从而降低产品的整体价格。想要盈利太难了！

> 每个人的老板都是首席执行官，除了首席执行官本身。首席执行官的老板是市场。

这就是为什么初创公司必须追求大市场。即使你构建出了具有规模经济属性的产品，你也需要确保市场大到足以实现这些规模经济。

年度市场规模是每年购买产品的总人数与产品价格的乘积。要获得10亿美元的年收入，你要么需要高价位，要么需要大量客户。在不同行业中，实现10亿美元的神奇目标所需的产品价位也不同。

→ 单价1美元，年销量10亿：可口可乐（罐装苏打水）

→ 单价10美元，年销量1亿：强生（家用产品）

→ 单价100美元，年销量1000万：暴雪（《魔兽世界》游戏）

→ 单价1000美元，年销量100万：联想（笔记本电脑）

→ 单价1万美元，年销量10万：丰田（汽车）

→ 单价10万美元，年销量1万：甲骨文（企业软件）

→ 单价100万美元，年销量1000：Countywide（高端抵押贷款）

上述一些产品的市场规模其实比10亿美元大得多。全球有超过10万名购买1万美元汽车的客户。更准确的数字是，每年有1亿名顾客购买价值1万美元的汽车。所以新车的年度市场规模接近1万亿美元而不是10亿美元。

低价位产品需要极高的自动化水平和工业效率才能盈利。对于1美元一罐的可乐，你无法承受大量的退货和诉讼。另一方面，当产品处于高价位时，你就可以在销售环节投入更多资金和资源。卖一栋房子不需要付出比卖一罐可乐多10万倍的销售精力，但一栋房子带来的收入却是一罐可乐的10万倍。

要尽早且频繁地进行市场规模计算。市场规模决定了你能筹集到多少资金，从而决定了你能养活多少员工。假设初创公司员工的平均成本为10万美元包干，涵盖工资、医疗保险、停车位、电脑配置等费用。

假设你需要5名员工、历时3年来开发一种罕见疾病的治疗方法。养活5名员工的年支出为50万美元，还不包括其他业务费用。如果你的市场规模只有5000万美元，那就难办了。寻找愿意投资150万美元来开拓如此小规模市场的人将是非常困难的，因为这150

万美元更有可能投给那些有机会达到10亿美元以上市场规模的产品。

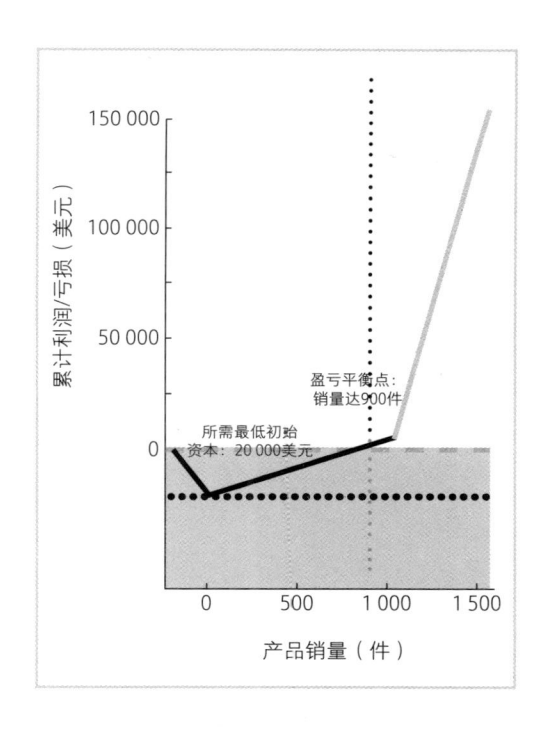

一件具有规模经济的产品：

折线进入阴影部分，然后上升。

优秀的市场规模评估既要做到令人惊讶，又要做到令人信服。要做到令人惊讶，你需要展示的艺术。要做到令人信服，你需要用至少两种不同的方式来估算你的市场规模。

首先，使用费米估算法来确定购买你产品的人数，这属于自上而下的市场规模估算。这需要一般统计数据，例如3亿美国人、80亿世界人口、3 000万家美国企业，以及特定领域的统计数据，例如每年600万的怀孕人数。

其次，使用业内同类公司向美国证券交易委员会提交的文件来获取实际的收入数据，并对这些数据进行总结，这属于自下而上的市场规模估算。自下而上的方法通常更可靠。确保你划定的范围不会太大或太乐观。"如果我们只获得了中国市场的1%……"是一个糟糕的开始。在进行自下而上的估算时，你能做的最令人信服的事情之一，就是获取高价位产品的发票链接或截图。

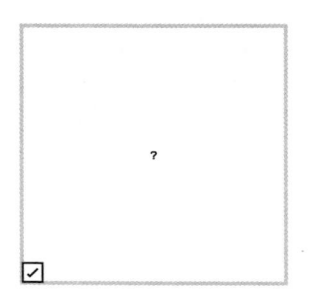

你无法靠调研达成创新。

理论上，最完备的市场调研是一个巨大的表格，包含70亿行（全世界每人一行）、多个属性列（例如位置、职业），以及产品每个可能的版本，每个条目显示了人们将为这些版本功能支付的金额。当然，你无法一一调查70亿人，但可以进行几百人的抽样。这为你提供了设置产品层级和路线图的框架。

假设调查的前 5 个人非常想要你的产品，他们愿意为具有 x 和 y 功能的版本 1 支付 1000 美元。但请注意，无论你添加多少功能，绝大多数人都只会支付 0 美元。你需要在版本 1 上赚到足够的钱来支持版本 2 的研发。如果情况并非如此，你应该重新排列功能的顺序，直到实现这一目标，至少在理论上是这样的。

你如果正在认真考虑创业，那么可以考虑付费完成一份有 500 人参与的调研报告。从长远来看，它将节省你的金钱、时间和精力。即使花费 1000 美元来对 4 个创业想法进行详尽评估，从其节省的时间和精力来看，也是非常值得的。

你如果确实负担不起，那么可以考虑询问 10~20 个潜在客户，或者在社交媒体上进行民意调查，问他们愿意为你产品的不同版本支付多少钱。你会发现有针对定价和功能的早期反馈，哪怕是有偏颇的反馈，都比完全没有反馈要好得多。

6P 清单很实用。

产品（Product）——你卖什么产品？

人（Person）——卖给谁？

目的（Purpose）——他们为什么买它？

定价（Pricing）——以什么价格购买？

优先级（Priority）——为什么现在要买？

声望（Prestige）——为什么从你这里买？

> 这些问题的答案看上去显而易见，但许多公司，尤其是医疗保健行业的公司，无法轻松回答这些问题。

1 个试用版抵得过 1 000 张 PPT（演示文稿）。

工程

初创公司是一家极速发展的企业。快速增长需要使用新技术来推翻当权政治家和老牌企业所认同的固有假设。

互联网初创公司有能力快速成长并扩展到大规模的市场。它可以从宿舍起步，然后扩展到全世界，接受地球上任何一个人的付费并向他们提供服务，而不需要自然资源、昂贵的许可证或人工办事员等先决条件。

> 想法不等同于模型。

> 模型不等同于原型。
>
> 原型不等同于程序。
>
> 程序不等同于产品。
>
> 产品不等同于生意。
>
> 生意不等同于利润。

这 7 个阶段就像一张将想法变为现实的地图。在每个阶段，许多初创公司都会因为时间要求或一些隐藏的缺陷而止步于此。

阶段	需要完成什么？	最短时间
想法	价值 10 亿美元的概念草稿	1 分钟
模型	包含所有用户会接触的界面的线框图	1 天
原型	适用于单一主要用例的粗糙方案	1 个周末
程序	适用于所有用例的、经过测试的干净代码	2~4 周
产品	设计、文案、定价、实体组件	3~6 个月
生意	公司注册、监管备案、工资单等	6~12 个月
利润	以高于制造成本的价格出售产品	1 年

创业工程指的是让产品表现得足够好，以促进人们购买。从这个意义上说，工程与学术不同，学术只要求产品的性能达到发表论文的水平。创业工程也不同于另一种工程理念，该理念认为，在第一次销售之前就要为无限量的用户进行产品规划。创业工程关注的用户数量位于零和无限之间，其重点在于交付可销售的产品。

创业工程师的主要工作之一是系统集成，也就是紧跟新技术、进行快速评估以及将各个环节串联在一起。有人认为，编程语言的选择并不重要，因为优秀的工程师可以用最合理的技术做到任何事情。从理论上讲，也许确实如此。图灵完备的语言体系可以执行任何操作。但在实践中，选择正确的工具或语言带来的提升，也许和放弃去图书馆转而使用谷歌搜索类似。

在初创公司发展的早期，你只需要选择现有的最佳技术并仅在产品上进行创新。在构建产品的第一个版本时，你不太可能需要创建新的 Web 框架，除非你经营的是一家销售 Web 框架的公司。在企业的核心技术之外，你要尽可能地保持业务的平稳和标准化运行，直到你开始从你的第一个产品中获得可观的利润。

> 你可以通过为实现一个结果所需的用户输入数量、类型和持续时间来量化用户界面的质量。

为了推出一款产品，创业工程师需要具备多方面的能力。如果你是创始人，你将需要处理你以前从未想过的事情。当你走进创业工程课的教室时，灯是亮着的，房租已经有人付过了，你可以专注于理解为了教学目的而简化的代码。但当你创办一家公司时，你要负责打电话给电工来保证照明系统的正常运转、筹集资金支付租金，并推动一项无人理解的新技术的发展。

一开始你没有产品，没有钱，甚至没有电。让人们辞去高薪工作并无偿为你打工，是一件颇具挑战性的事。你需要设计出一个看得过去的商标，搭建初版登录页面，打电话拓展客户，同时还要推进技术的发展。

在构建和销售早期产品时，有时改变方向才是正确答案，但有时你只需要坚持。如何在两者之间寻找平衡？方法之一是进行有限的投入。

列出你的选项，选择最好的一个，并在预先确定的时间段（比如一周或一个月）内为之付出努力，然后再进行复盘。这类似于敏捷软件开发中的冲刺工作法，也可以用搜索算法中深度优先与广度优先的平衡来类比。这种做法的关键是将你的时间视为一种可定量分配的资源，就像资本一样。

> SaaS（软件即服务）为先，代码次之，雇佣最次。

如果可能的话，你可以使用现成的 SaaS 工具制作产品的初始版本，即使做出来的界面很丑。如果它好用，人们会包容它的丑。在获得一些关注后，你就可以尝试编写一个更好的版本，或实现自动化。只有当你无法实现流程自动化时，你才应该考虑雇用他人。

发布

对第一批客户的构想确实不能过于具体。过于具体的表现是，创建一个电子表格，其中包含客户的姓名、电话号码以及你要告诉他们的精确内容。正确的做法是预先接触一定数量的客户，这样即使有人拒绝你，你也不会灰心丧气。如果接触完一组客户后仍没有得到任何结果，那就制定一个新策略。这一方法对生活中的很多事情都适用。

投资者关心你产品的未来，而客户主要关心的是当下。

> 新产品永远不可能在所有方面都优于现有产品。推陈出新意味着招致非议。

想要吸引关注就会吸引负面关注。创业者期望在产品发布会上收获赞美。事实上，人们通常会无视你推出的新产品，或批评、攻击你的新产品。你如果实打实地解决了现有问题，就会招致攻击。因为你的解决方案可能在某个方面优于其他产品 10 倍，但在其他某些方面总会存在不足。

当你推出新产品时，人们表面会说："这个产品烂透了，这家公司应该倒闭，创始人简直糟糕透了。"这实际上是什么意思？再多卖些产品吧。

这是反直觉的。为什么许多看似希望公司倒闭的人实际上希望你出售更多产品？简短的回答是，因为销量会为你提供社会证明，表明你的产品并没有那么糟糕，并且能为你带来可以用以改进产品的收入。随着时间的推移，怀疑者会改变态度。

更长的答案是，你的坚持不懈表明那些讨厌你的人无法击败你，所以他们开始以购买产品的方式加入你的阵营。人群的期望变化很快。很多人会随意地攻击你,然后随意地反悔。请记住,大多数仇恨都是外强中干。你只需去掉那些负面形容词,将合理的批评提炼成需要修复的错误,然后继续耕耘你的产品。

对于大多数企业来说,主要问题是冷漠,它意味着人们甚至不在乎你的存在。如果你能让人们两极分化,且你影响范围中的人里有20%(甚至更少)站在你这一边,你就能把业务开展起来。

每家初创公司一开始都小巧可爱,而其目标都是成为一家公用事业公司。快速成长阶段是初创企业最不受欢迎、面临的风险也最大的阶段。在图表上画一条U形曲线,其中x轴是收入或公司年龄,y轴是受欢迎程度。在零收入的情况下,你的初创公司只是一个婴儿,是写在餐巾纸上的一个创新想法。太可爱了!没有人会对餐巾纸上的图画或理论上的创新感到愤怒。没有人被雇用,没有人被解雇。因此,人们很容易称赞全新的初创公司。在起始阶段,你至少不会被讨厌。此时,你位于U形曲线的左上角。

处于U形曲线的右侧的是那些大获全胜的公司,例如谷歌和脸书。在行业内部,你会看到很多公司,但人们从外部只能看到赢家。U形曲线右侧的公司已经成为主流,它们可能会受到批评,但它们已经得到了相关机构的认可,成了公用事业公司。使用公用事业公司相关的链接,不会被认为是在特意为这些公司背书,因为它们已经胜出了,与其合作不再"有争议"。这就是为什么政府更喜欢用大公司。获得了.mil/.gov域名的公司是公用事业公司,例如Adobe(PDF文件)、推特/脸书(社交媒体)等。

因此，为婴儿一般的初创公司（只具备抽象的创新能力）背书是无伤大雅的，也没有人因为使用并分享 PDF 文件而被解雇（因为作为公用事业公司的产品，PDF 是安全的）。但处于二者之间的公司……

一旦你的公司启动了，你就会发现，推出产品会招致仇恨。你的产品不再是理论上的创新，它正在夺取"他们的"收入！讨厌你的不仅是你的竞争对手，还有他们的所有支持者。老牌企业拥有营销团队和忠实粉丝，他们会想出充分的理由来排挤你的企业，因为新产品永远不可能在所有方面都具有优越性，而只能在一项关键功能上表现得更好。他们会攻击你，声称你的产品在其他功能上有缺陷、不安全、没有业绩记录。尽管如此，你依然需要销售和快速迭代你的产品。

如果你的产品畅销，情况会变得更糟。快速增长意味着用户数量将增加至系统原本设计的承载量的 10 倍，每个环节、每个公司成员都承受着巨大的压力。很可能会出现一些故障，而此时聚光灯正落在你身上。竞争对手和监管机构将捕捉并大肆渲染这些故障。

此时你的公司可能会因严重失误而被封禁。所有公司成员都在连轴转，为了应付疯狂涌入的客户。许多初创公司都倒在了这一阶段。社交网站 Friendster 和下载软件 Napster 都是前车之鉴。贝宝和优兔都曾一度濒临倒闭，但最终还是挺过来了。

关键是，当你的服务器濒临崩溃时，针对你的仇恨言论数量预计会达到峰值。坚持到成为公用事业公司的阶段，你就赢了！你需要为 U 形曲线做好准备。

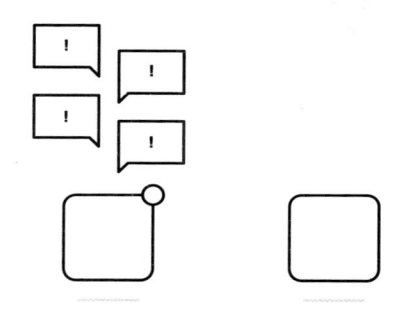

有些产品令人们牢骚不断，也有些产品根本无人问津。

至少有两种模式可以实现在规模上极具野心的创新。我称它们为圣骑士模式和黑骑士模式。

圣骑士模式选取了极受欢迎的事物，并试图从中盈利。埃隆·马斯克选择了发展太阳能和电动汽车等受欢迎且受支持的事物。（"受欢迎"的证据是，这两种事物都得到了税收抵免的支持。）马斯克面对的危险不是被封禁，而是破产。

黑骑士模式则恰恰相反。就像优步和早期的贝宝，黑骑士公司的市场知名度和客户需求是毋庸置疑的，人们想要购买它们的产品。但这些公司惹恼了太多人，以至于它们的想法并没有立即像圣骑士公司的想法那样受到欢迎。黑骑士公司不会因为如此大量的需求而破产，但它们可能会被封禁。

这是两种不同的大规模创新模式。圣骑士公司必须盈利才能避免破产，而黑骑士公司必须达到一定的受欢迎程度才能避免被封禁。

> 首先他们会说这不会成功，然后他们会说这成功得过了头（带来了其他问题）。

招聘

在上一代，Instagram（社交互动平台）、WhatsApp（通信软件）、游戏《我的世界》和比特币都凭借非常小的团队获得了数十亿美元的估值，它们都成立于 2009 年 /2010 年。我们甚至还没有开始突破资本效率的极限。

我更喜欢的是一个由全面发展的员工组成的小团队，他们聪明、勤奋、能够很好地合作。这样就不会有对内政治了，因为选人的标准是其协作能力。

寻找有前途的人才是招聘工作一个非常重要的组成部分。科技高管兼投资人基思·拉布伊斯有句名言："聘用尚无人知晓的天才。"我将它拓展为："雇用那些求知若渴且能教会我们一些东西的人。"

想要雇用"求知若渴"的人，通常需要在他们的职业生涯初期找到他们。我有个非主流的观点，那就是我几乎反对看重学历证书的做法。我理解学历证书的价值，但当我看到一个聪明但尚未拥有学历证书的人时，我实际上是最兴奋的，因为这样的人很有价值。我可以雇用他们，给他们相当优厚的报酬，帮助他们提升自我。我可以为他们提供其一生中最大的机遇。

我曾招募过一些身处偏远地区，与父母一起生活在加拿大、马来西亚和波兰的人。我发现他们写得一手好代码，或写得一手好文章，又或者两者兼而有之。我不关心能力之外的其他任何事情。他们都是聪明人。他们的代码和工作能力可以胜过许多拥有哈佛或斯坦福学位的人。

我并不是说哈佛或斯坦福的人都是傻子，这绝对不是我的意思。但从性价比的角度来看，你会想要那些尚无人知晓的天才。当你向他们提供他们从未拥有过的广阔机遇时，他们就会充满渴望。

另一个要点是"能教会我们一些东西"。我寻找的是能够有效传播他们掌握的知识的人。我是否能从他们的写作中学到一些东西？写作在远程工作中很重要，因为你通过写作与人们互动。他们写的博客文章是否像悬疑小说一样，读者读半天才能搞清楚他们在说什么？或者他们的文章是否以标题为重？

闲聊与指示性写作是有区别的。为了提高效率，你应该把关键信息放到开头，并在标题中进行传达。然后你应该在副标题中再次传达它，在开头句子中以稍微不同的方式再次传达它，并在开头段落中对其进行扩展。

这就是编写内部备忘录、Slack（一款团队协作工具）消息的方式。优先讲述最重要的事情。我想找的正是能够做到这一点且收入配不上其潜力的人。

> 我们都想让人们变得更富有。当我们分担风险时，我们也分享回报。

作为一名企业家，最具挑战性同时也绝对必要的一件事是，雇用比你更优秀的人。

为什么？当你发现某人的工作做得不如你出色时，你会不断地想："如果我有时间，我就能解决这个问题。"如果客户面临很高的风险，而你有能力解决这个问题，你就会感到被拽向这项本不属于你的工作。如果你雇用的人不能比你更好地完成本职工作，你就会觉得你应该代劳，从而难以专注于你自己的本职工作。

但是，如果某人在某项技能上比你强，他为什么愿意为你打工呢？我的答案是，我们需要将每项技能视为一个向量。

假设你准备涉足机器人技术领域。你可能不了解机器人技术，所以你需要找到一个比你更精通的人。你也许在机器人技术方面较为薄弱，但在数学或编程等方面更强。接下来，你以同伴的身份找到那位懂机器人技术的潜在员工。

你告诉他："你是机器人技术领域的专家。我不像你那样对这个领域十拿九稳，但我通过自学，已经差不多达到及格水平。我可以告诉你什么是自由度，什么是机械臂的工作原理，以及有哪些基本的传感器和执行器。我知道你所在领域的一些难题，我已做足了功课。"

如果某人费尽心力掌握了某领域的基本词汇，那么精通该领域的人会对他刮目相看。假设你是一名工程师，与自学成才的人一起工作，你发现虽然他们的代码结构不佳，但他们能设法抓取一些数据来进行分析，并制作一些图表，你会认为这些人足智多谋，并对其心生敬意。

当你和你的团队有不同的优势领域时，你们之间就会出现持续的知识交流。这就是我喜欢的招募方式。我寻找能当我的老师的人，并且也希望我可以成为他们的老师。这样我们都提高了自身技能，都从这段关系中相互的、正和的知识交换里获得了益处。

谈到此类关系形成的历程，领英创始人里德·霍夫曼提出了一个很有用的概念，即把最初的雇主－雇员契约关系视为一种"任期"（tour of duty）。公司不是家庭，家庭关乎无条件的爱，而公司不是。一家成功的公司是基于有条件的爱而运转的，你必须有所交付。

另一方面，公司不应该完全唯利是图。每个人都有低谷，都可能经历不顺利的一周、一个月甚至更长时间。这些人是我们的同事，我们应对他们的困顿挣扎持宽容态度，即使客户不宽容。客户并不关心是否有人在可口可乐装瓶厂度过了糟糕的一天。他们只会想，为什么这个瓶子被压扁了？我要去买百事可乐了。

客户的行为并非出于恶意，只是他们看到的界面不是活生生的人，而是一个压扁的瓶子。一旦供应链中某个环节出了差错，客户只会耸耸肩，然后转而选择其他产品，不是吗？

客户真是无情。你必须以某种方式为公司内部的员工提供缓冲。我认为"任期"的概念提供了一种折中方案，在这个方案里，员工的交付成果、时间表和离职流程都有一个预先安排好的、明确的框架。

管理

随着公司的发展，创始人的角色会发生很大变化。用体育界的角色做类比：

　　有 1~10 名员工：运动员。
　　有 10~100 名员工：教练。
　　有 100~1 000 名员工：总经理。
　　有 1 000 名以上的员工：（协会）总干事。

　　官僚主义的量化标准是可以否决你行动的人数。一般来说，这个数字应该很小。但如果它为零，你就失去了团队。官僚主义的反面是直接的个人责任。许多人很快发现他们更喜欢官僚主义。

　　政治关乎共享资源的配置。集体共享的资源越少，政治发挥作用的空间就越小。初创公司很少有政治，因为组织内部没什么可以掠夺的，所有资源都在外界。

　　当一个小型组织向某个边疆扩张时，内部政治几乎毫无益处，而工程和面向外部的销售却能带来巨大的收益。这表明，应尽量减少公司层面的政治，增加寻求公司外部资源的激励措施。在个人层面上，这意味着应通过写代码或达成交易从外部获取资源，而非在内部请求获取资源，从而最大限度地减少政治因素。关注外部有助于最大限度地减少政治，原因之一是关注外部将大大减少所有权的争议，实现凭自身业绩获得相应的收益。

　　规模扩大意味着蛋糕做大，经济上的一致性会随之降低。随着团队规模的扩大，收益函数开始出现分化，政治问题也随之产生。

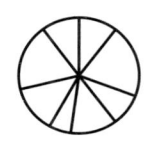

公平带来团结，政治创造分裂。

假设有 K 个人，每个人都有一个二元输赢结果，我们得到 2^K 个结果情景。你的工作是，确保每个人在其他人都赢的情况下赢得更多。非对角线激励会毁掉组织。当一个人最大的获利情景涉及另一个人的损失，甚至需要以另一个人的损失为前提时，政治问题就会出现。

> 人越多，激励结构的差异就越大（因此问题也就越多）。

随着规模的增加，一致性会降低。最终，一个严重失调的组织会陷入内讧。我们可以将其转化为一个数学模型，该模型将预测网络的最佳规模以及"网络缺陷"占主导地位时的规模阈值。当规模增加到超过一个阈值时，网络的价值就会降低，这就是所谓的"网络缺陷"。

在经典的网络效应中，梅特卡夫定律的思想基础是，每个节点都从其他节点获得价值，因此具有 N 个节点的网络的效用为 N^2。数学家安德鲁·奥德利兹科认为它更像是 $N\log(N)$，因为大多数节点不会为其他节点贡献价值。但这两个模型都没有预测到网络规模超过某个值后效用会下降。

领导者应尽可能专注于创造、量化和沟通一致性，这是对日常管理的补充。一致性是人们即使没有被分配任务也会去做事的原因。

真正的组织结构图是一张谁听命于谁的地图。推特改变了世界的"组织结构图"。Slack 改变了每家公司的"组织结构图"。谁真正听命于谁？这比纸上写下的任何管理结构都更重要。

> 最好和最差的首席执行官的共同点是，没有他们，公司也能运转。

在候选人加入你的公司之前，让他们写下他们心目中的成功、平庸和失败分别是什么，即他们心中的牛市、基准和熊市。他们希望 1 年或 4 年后自己达到什么位置？

这对你来说很有用，对他们来说也很重要。4 年后，怎样算好，怎样算出色，怎样算失败？通过思考这一点，他们为自己的道路肩负起了更多责任。4 年后，他们回顾自己的答案的场景将会很有趣。他们会发出感叹："哇，我的这些预测太糟糕了，但我的另一些预测是正确的！"

建议使用相同的技巧分配管理者和员工的工作。绘制一个包含 4 个象限的 2 乘 2 表格。管理者对自己的期望是什么？管理者对员工的期望是什么？员工对自己的期望是什么？员工对管理者的期望又是什么?

这种类型的表格很简单。你应该在每次进行一对一谈话时都创建一个这样的表格,并且保持每周进行一次这样的谈话的频率。它将彻底扭转沟通不畅的情况。通过写下你对自己和他人的期望,你将在那个人的监督下担责,就像那个人在你的监督下担责一样。你们都知道各自对对方的期望。

作为管理者,在简单文档中随时追踪这些表格非常有用,因为它帮助你回顾已达成一致的内容。员工也可以这样做。这不是一项对抗性的活动,一切都是为了保持一致。鉴于新事物不断涌现,每个人并不总是能搞定一切,所以个人职责并不是绝对不可更改的。

增长

> 单纯的构建是不够的,你必须构建出颠覆性的力量。

产品靠实力,分销靠关系。

作为一名学者或工程师,学校教会你思考代码质量、用户体验质量和产品质量。它的功能如何?它对用户来说效果如何?它有多优雅?产品质量在某些方面完全受你的掌控。

分销回答的是如何将产品送到消费者手中的问题。例如,你制作了一款美味的饮料(你的产品),它需要分销协议才能进入商店,被放在橱窗里展示,在更好的情况下,被摆放在靠近收银台的地方。

客户如何发现你的产品？如何让它在沃尔玛上架？如何让它在亚马逊页面上位置靠前？

分销靠的是关系。任何人都可以通过购买谷歌或脸书广告获得商品分销的渠道。技巧在于，你需要在你所处的时间和地点找到某种分销套利模式，也就是一个廉价的客户获取渠道，并以其他人尚未意识到的低价来积累用户。

创业 = 增长。如果你不有意识地去优化你的公司以促进增长，你就会被那些这样做的竞争对手超越。

为了保持恒定的月增长率，你要么雇用更多同等或更高质量的销售人员，要么找到某种通过现有客户群实现病毒式增长的方法。前者是一项非常艰巨的任务。

病毒式增长使你能够在不扩大销售队伍的情况下获得更多客户。这也意味着你的规模经济会变得更好，因为你不需要为每个增量客户花费那么多的销售费用。

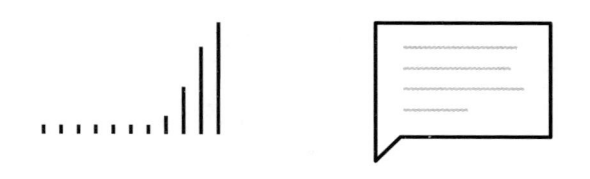

好的企业家用数字而不是形容词来吹牛。

初创公司面临压力的原因之一是样本量太小。你的员工、投资者和客户数量都很少。如果你有一家拥有10个客户的企业，其中一个客户取消了合作，你就会损失10%的收入。上个季度你的收入还在增加，如今却突然下降，这将导致筹集资金变得更难。现在你可能无法支付员工工资，整个企业举步维艰。当样本量较小时，压力就会很大。

当你有1000个客户，其中一个流失时，其影响就没那么大了，对吧？虽然客户流失依然是件坏事，但你并不会因此而失眠。很少有人意识到，小样本量是巨大压力的源头。

当你开始拓展业务时，或者当用户或收入量持续增长时，我的建议是，采用与之匹配的质量指标，以弥补在主要增长指标中可能出现的伪增长。

如果你用收入来激励销售人员，那么你的评判标准还应该涵盖客户反馈、客户流失率和单位客户的利润。理想情况下，你评估的应该是利润而不是收入。

如果你专注于用户增长，请密切关注客户流失率，将第二个质量衡量指标与增长指标结合起来，这非常重要，在大量新员工加入公司时尤其重要。

执行

良好的执行力具体指什么？拥有执行者心态意味着你始终在执行待办事项清单上的下一件事。你可以每天或每周根据进展重写这份清单。

这说起来容易，做起来却极其困难。这意味着对其他人说不，对干扰说不，对娱乐说不，并将所有清醒的时间都花在手头的任务上。

执行意味着快速穿过想法的迷宫，将列表中的每项任务视为完成迷宫中的一个转弯。最重要的任务会让你更接近出口，或者至少更接近藏有一些能量提升道具的宝箱。

就执行的启发法而言，也许最好的启发法是彼得·蒂尔的"一件事"法则。公司里的每个人都负责一件事，每个人在任何时候都应该知道自己的那件事是什么，每个人也应该知道其他人的那件事是什么。

马克·安德森的反待办事项清单也很好：写下你刚刚做了什么，然后划掉它。即使你偏离了轨道，这也能让你了解你正在做什么以及你的进展。

> 高效行事通常意味着一次只做一件事。

如何围绕你的目标集结你的团队？首先，确保目标与你的宏大愿景保持一致。你要向人们展示，为何增加一个定量指标有助于实现他们为之奋斗的定性目标。

以我的基因组公司为例。我们已经测试了超过 100 万对夫妇，但测试前 1 000 对夫妇是一个里程碑式的事件。在基因组测序为公众所知之前，我们中的许多人已经是研究基因组测序多年的博士了。

我们想展示我们在学术界所做的工作，让人们知道所有对人类基因组计划的社会投资都正在得到回报。我们只需要修复一些错误，再加班几天或几周，就可以达到1000对客户的里程碑。这是我们的神奇数字。在我们高质量地完成对1000对客户样本的分析之前，我们并不觉得我们的科学工作产生了任何成果。

这就是调整定量指标并展示其如何实现定性目标的方式。顺便提一句，我们在每对客户身上赚取了1000美元。如果我们做了1000次测试，我们就赚了100万美元。

我的兄弟拉姆吉非常擅长执行。他非常自律且聪慧。他处理问题的方式与我不同。我从拉姆吉那里学到了一种叫作"列表、排名、迭代"的技能或模式。它是一种元算法，在解决非结构化问题时简单而有效。

假设你遇到了"我们如何增加销售额"或"我们如何筹集资金"这样的问题，你需要首先列出一份清单，明确有哪些潜在的医生买家，或作为潜在资金来源的风险投资公司。

然后对他们进行排名。"这个医生在哪个行政区域？他可能会开具进行这项测试的检查单吗？""这家风险投资公司以前投过像我们这样的公司吗？"

然后对排名列表进行暴力迭代。这一步的关键是设定一个限度。你说："好吧，我要尝试他们中的150个。如果我没能谈下任何一个，我就尝试新的策略。""列表、排名、迭代"是解决非结构化问题的一种好方法。这是我从拉姆吉那里学到的东西。

创业时，传统观点认为想法就是一切。人们相信，有了正确的想法，将其推向市场并赚取 10 亿美元只是细节问题。这就是公众心目中的技术创新之道。

☑ ☑ ☑ ☑ ☑
☑ ☑ ☒ ☑ ☑
☑ ☑ ☑ ☑ ☑

> 有时候，做生意就是去弄清楚一些不那么明显的事情。
> 更多时候，做生意是在做显而易见的事情。

"重要的不是想法，而是执行力。"这是一个很好的提醒，是督促我们保持专注的咒语。它对于创业新手或梦想家特别有用。新手往往过于重视专利或看似绝妙的想法，而疏于开发可用的工作原型。

让产品或体验看上去很容易是一件很难的事。如果你是一名建造者或创始人，你往往会对周遭的一切心怀敬意，因为你知道："天哪，从头开始做这件事真是一项艰巨的任务，过程一定困难重重。"

一般来说，如果别人仅仅通过偷听就能窃取你的想法，那么你就不需要做出防御。比较一下"我有一个为宠物主人建立社交网络的想法"与"我开发了一种将物体发射到太空的低成本方法"之间的差异。

生存

在初创公司的早期，最重要的指标是烧钱率。每个人都必须是不可或缺的。最终，如果获得了成功，公司就会开始建立一些内部结构，保守主义开始占据主导。随着业务的持续增长，创始人会开始在内部添加结构、职业发展路径和稳定的层级。

在你解决了最大的问题后，就会有别的问题取而代之（成为最大的问题）。

新的衡量指标变成了"巴士人数"，即在多少人被巴士撞了的情况下公司仍可以正常运转。突然之间，每个人都变得可有可无。

这就像单细胞到多细胞的转变。创始人必须投资建立一个官僚机构，使公司非人化，并将每个员工变成可替换的部件。否则，公司可能会因一个人的辞职而陷入崩溃。

大约在这个阶段，"寄生虫"登场了。他们不愿承担小型初创企业的风险，还想要丰厚的福利、高薪、低工作量，希望用最少的工作量获得最大的回报。他们并没有真正与公司达成一致，于他们而言，公司只是为他们提供了一份用来交房租的工作。吸引他们到来的实际上就是可替代性！

他们知道自己不需要竭尽全力，也不用单独对企业的成功或失败负责,这套系统会养活他们。这种行为对他们来说是合理的,但寄生会退化为一种权利并最终导致系统崩溃,尽管这可能需要很长时间。

最后,一些感到压抑的员工决定退出僵化的官僚机构并成为创始人,然后重新开始上述循环。

> 如果你不书写历史,你就不会成为胜利者。

初创公司致力于推动某些东西成为现实。马斯克这样形容初创公司的建立过程:"它就像咀嚼碎玻璃和凝视深渊。"因为你无处可藏,也不能责怪别人,只能在没有安全网的情况下自寻出路。你的公司可能会倒闭,一切都可能归零,然后你会被仇恨者当众羞辱。

(不过,仇恨者实际上只是仇恨自我。他们唱衰别人,因为他们没有勇气自己做出尝试。他们无法再在深思熟虑之后押下赌注,因为为了保护自己的自尊心,他们说服自己一切终将失败。)

你需要一定程度的理想主义和决心。在建立一家初创公司时,你不能只有纯粹的经济动机,至少我不能。很多时候理性的做法是放弃。理性让你辞职并找到一份体面的工作,对方会给你丰厚的薪水,而你不必承担太多责任。这无可厚非。如果你是一个理性的人,放弃可能是一件好事。

创业的初衷是创造一些市面上买不到的东西。马斯克买不到去火星旅行的船票。我写了《网络国家》,因为要想解锁生物医学并获得延寿技术，我们就需要解决主权问题。我认为这是通往超级士兵血清和其他人类突破的长远道路。

商人兼投资人本·霍洛维茨有一篇关于创始人韧性的精彩博客文章，名为《无人在意》。（实际上我是在意创始人的，本也一样。）但有时，当企业家需要听到这些警言时，我会将文章发给他们。以下是关键部分摘录：

"无人在意，你只管带好你的团队就行了"可能是有史以来对首席执行官最好的建议。因为你仔细想想，事实上就是无人在意。当你的公司出问题时，无人在意。媒体不在意，你的投资人不在意，你的董事会不在意，你的员工不在意，连你的妈妈都不在意。无人在意。

他们不在意是对的。给失败一个绝妙的缘由不会为你的投资人保住哪怕一美元，不能保住一个雇员的工作，也不会为你带来一位新客户。它尤其无法使你在公司倒闭和破产时感觉好哪怕一点点。

你在阐述你的痛苦时所花费的所有精力，如果花在寻找那个看似不可能的脱困方法上，将会有价值得多。最好不要花时间惋惜你本可以做的事情，而要把所有时间都倾注于你可以做的事情。因为，无人在意，只管经营你的公司吧。

马克·扎克伯格也说过类似的话："当你感到被困住时，你如果足够聪明，就总能找到脱困的办法。"技术具有足够的多维性，总能为你提供一种办法。如果你足够聪明并且足够专注，你就能找到它。

做生意会面临许多困境,你需要在困境中尽可能地达成最佳结果。事实上,无论你怎么做,你都会惹恼别人,并且循环往复。创业实际上非常困难,即使作为一名伟大的创始人,你也会在很多事情上失败,甚至会一败涂地。

> 现实主义告诉我们什么是不可能的,想象力告诉我们什么是可能的。

第十一章
演化

生产力手册

写下你的目标吧。令人惊讶的是,很少有人这样做。通过写下目标,你可以防止漫无目的地蹉跎一生。很多人只是在生命中徘徊不前。

清晰的书面指令是提升自我的最佳方式。

我始终有一个宽泛的使命或方向,我所学到的一切都映射其上。我的大脑秉持一种单线程的世界观,这说起来很有趣,因为你可能认为我涉猎多个领域。但实际上，这一切都有迹可循。如果某件事难以符合我的世界观，我往往会将它抛之脑后。我有一条精神上的"晾衣绳"，可以把各种想法挂上去。它也可以帮助我记住这些想法，就像数据压缩一样。

一心多用是非常困难的。你可以做一件大事，同时操心其附带的许多小事。但如果你操心的大事不止一件，你就必须在一天中的每一个时刻都做出抉择：我是把时间花在 A 上还是 B 上？

我晚上会躺在床上思考，我今天学到了哪些东西，它们如何融入我的想法集合之中，是否存在矛盾、重叠等。大多数人不这样做，他们只是进行分类存储。他们学到一些东西后，不会尝试将其与他们的知识储备融会贯通，看其是否与别的想法相冲突。

经济学家兼哲学家约翰·梅纳德·凯恩斯曾说："自认为完全不受任何思想影响的务实人士通常是某个已故经济学家的奴隶。"这意味着，你可能不知道自己正在运行什么智能软件，但你的潜意识里实际上在运行着某些东西。

> 你的电子邮件收件箱里充斥着其他人为你写的待办事项清单，任务时长和重要性与接收时间的早晚无关。

随着个人生产力的提高，构建事物所需的共识数量在下降。今天，寥寥数人（甚至一个人）即可证明一个疯狂的想法是可行的。生产力的提高直接带来个人独立性的增强。更高的生产力意味着更小的团队规模,更小的团队规模意味着更少的平均化,而平均化越少意味着结果的差异越大。

更高的生产力也意味着更快的失败。更快的失败意味着你可以进行更多的尝试。更多的尝试意味着你有更多的机会发现自己的相对优势。这就是迭代的效用。

有了互联网,你的生命可以比 20 年前更早地开始。你可以快进掉演示和教程,直接开始体验真正的游戏。

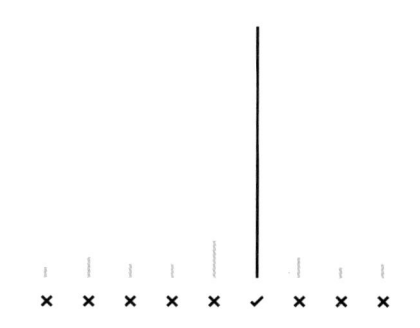

× × × × × ✓ × × ×

在绝大多数事情面前,说"不"是很难的。请把"不"作为默认回答。

如果你不说"不",你就无法对重要的事情说"是"。

长期维持高产出

每周你拥有 168 小时,其中约 112 小时是清醒的。用资本代替

> 时间，用技术代替这两者。避免旅行，取消会议，专心做事。

如果你能做到随心所欲地工作、睡觉、起床、锻炼，并且从不出行，你就能可持续地每周工作 70 小时。

我希望最大化我的工作总时间，包括工作日和周末。我可能会一天工作 16 个小时，然后第二天休息。我每周只用一天来开会，在这周剩下的时间里，我完全可以自由随性地工作。我唯一的、最好用的生产力提升技巧是，将所有会议安排在固定时间，例如周一和周四。这样，你距离会议的时间总是不超过 3 天，但每周你有 5 个专注于工作的日子。

失眠一晚并不意味着世界末日到了，失眠一年则会影响你的长期健康。即使从纯粹的金钱角度来看，失眠过多也会影响你的财富创造能力，以及为员工和股东提供价值的能力。虽然牺牲睡眠在日常生活中看上去是一种奉献之举，但从长远来看，为了你周围人的健康，你也要照顾好自己的健康。

在我创办第一家公司之前，我有着极强的身体素质，差不多能达到我的南亚血统生理机能所能达到的极限。我经常举重、跑步，一直保持锻炼。在经营一家初创公司的同时保持锻炼很困难，因为做出短期牺牲、选择熬夜或放弃锻炼去接销售电话的诱惑长期存在。

我之前会告诉自己，我对我的员工负有责任，我相信我小小的健康目标或睡眠时间并不像团队的成果那么重要。我对他们负有信托责任，毕竟，是我让他们辞职并千里迢迢搬到这里来工作的。我不想说："哦，我们没有达成这笔交易，因为我去跑步了。"

一段时间后我才意识到，这实际上是一种错误的二分法。从中期来看，牺牲你的身体素质或健康也会让你的团队陷入困境。你只能在有限的时间内利用这种短期的健康牺牲。就像工程学的短期优化意味着承担技术债务一样，你如果不能做到每天锻炼和健康饮食，就会承担身体债务。

我想在我的下一个项目中将健康设为我的首要关注点。事实上，我认为日常健身和健康饮食与超人类主义和逆转衰老是一脉相承的。我不知道我们是否会成功，但我想朝这个方向前进。

> 不要只关注经济效益，因为你可能会以牺牲健康为代价，过度优化和扭曲财务指标。

早晨起来，你选择第一时间加载到大脑中的东西是最宝贵的。也许你每天的前几个小时应该保持离线，用笔和纸写下自己的想法。拥有一些线下时间是有益的，因为这样你就不会被立即卷入互联网中。

我很多东西都靠手写，因为这迫使我集中注意力。这一过程是零干扰的。当天晚些时候，我会把这些纸片、书籍章节的草稿或其他内容输入数字文件中。

当你起床时，应为自己留出一些专注的时间。这样的话，你每天至少有几个小时可以按照你自己决定的方向前进。假设你7点或8

点起床，锻炼到 9 点，保持离线状态到下午 1 点，这时你就已经连续深度工作 4 个小时了。世界上没有人可以打扰你，没有人可以联系你，没有人可以在推特上找你。你对于整个世界来说都处于离线状态。这是个很好的方法，因为你能够集中推进你的优先事项。然后你上线，与世界同步，展示你所有的进展。现在你处于主动出击的状态。

在其他俗务涌入之前，你应该专心推进你的工作。你知道它们会涌入，但你要抵挡它们，并尽可能地专注于推动你的关键要务向前发展，然后再放任当天的所有消息向你涌来。

暂时关闭推特多有裨益，我偶尔会这样做。我有将近 4 个月的时间没有上推特，为了完成我书中的所有细节并最终将其出版。在推特以外取胜才能在推特上取胜。几乎任何你想要的东西都无法靠推特获得，你必须在推特之外获得成功，然后在推特上广而告之。

> 努力工作是一种竞争优势。
> "努力工作是一种竞争优势"这一信念本身，如今也是一种竞争优势。

学会有效学习

最新的技术论文和最古老的书籍是最好的套利来源，它们包含最冷门的事实和最能赚钱的真相。你所了解的那些别人不能或不愿意承认的真相,就是你的竞争优势。

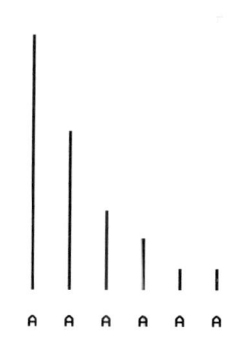

你通常不可能靠只做你一直在做的事情来取胜。

我读了很多老书和新的技术期刊。我不太关注同时代的事物,而更专注于寻找大多数人不知道的真相。

布莱恩·切斯基从 19 世纪末撰写的一系列有关合租房的文章中得到启发,创建了爱彼迎。事实上,合租房在 1900 年左右比在 1950 年要普遍得多。

他在 100 年前的共享经济中看到了解决方案,然后将这些想法现代化、移植并运用到今天。阅读不同时空的社会安排类书籍是一件极有益处的事情。

技术期刊是未被充分重视的真相的另一个来源。在生物医学论文中,你会看到老鼠的寿命延长和青春延长技术比人们想象的要先进得多。脑机接口也比公众所意识到的要先进得多。我们已经有了用于老鼠的心灵感应控制设备，也可以通过组织再生实现奇妙的创想。技术已经存在，但其受制于美国食品药品监督管理局的审查，或缺乏传播，因而难以普及。

我有目的地阅读技术期刊和老书，而科技新闻只存在于我阅读视野的边缘。

> 你之所读即为你。

在我职业生涯的第一阶段，我是一名职业学者。我曾以为我会成为一名教授。作为一名学者，我学会了如何快速学习。

为了快速学习技术内容，我开始做题。我甚至不去翻阅教材，直到在某个问题上卡住为止。特别是在技术领域中，如果你了解基础知识（例如微分方程、统计学或麦克斯韦方程组），你通常就可以开始计算并检查哪里出现了障碍，从而发现你认知上的薄弱之处。

即使你正在学习的是有已知正确答案的事物，亲自上手然后遭遇失败也比查找文档更容易。在开始上手之前，从头到尾阅读文档过于费劲。建议先上手，然后在过程中学习。你必须边做边学。

如果不学以致用，你就无法真正学有所得。花一整天浸润在一门新语言的环境中，胜过数周的书本学习。这就是在学校死记硬背法语抽象的发音和在餐厅尝试点菜之间的区别。你正试图有目的地向一个无情的法国服务员拼出一个句子，而他会（用带着法语口音的英语）嘲笑你说："让我们说英语吧，谢谢。"

花一整天尝试用一种编程语言构建出一套东西，也胜过几周的理论学习。如果你与教授计算机编程的人交谈，他们会告诉你"学习代码"很难。你必须学会用代码做一些事情，例如获取销售数据、创建图表或重命名 100 个文件等任何极其简单的事情。现在你有一个学习代码的理由了。

带着使用意图去学习能让你筛选信息，从而可以立即将所学内容投入使用。这就是为什么我认为有目标驱动的生活是好的。有了目标，你就会经常思考这个目标的本质。

学会以多种方式思考

> 纯粹的数学能力总是有帮助的。

你可以用以下 6 种方式理解任何数学概念：

（1）语言——用语言解释。
（2）视觉——制作图表。
（3）代数——写出方程。
（4）数值——创建一个数值案例。
（5）计算——编写求解器或算法。
（6）历史——讲述来源。

净现值是个很好的例子。你可以从语言、视觉、代数、数值、计算/算法和历史的角度来理解它。我发现当我把这 6 个方面都做好时，我对它的理解程度会加深。数学用笔和纸才能学得好，但有时，教材也必不可少。

这一概念也可以应用于其他事情。我提出一个想法或问题，并将口头想法转译为草图，或将草图转译为数据。由此，我通常能看到以前看不到的东西。

假设我有一堆复杂的交易，比如面向多方的销售合同，我会把它们全部放在白板上，并列出收到和欠下款项的时间。然后我就会开始看到一些在笼统翻阅合同时看不到的选项。

另一个例子是，针对谁可以将什么权利或股份分配给谁，公司的书面章程设置了不同的门槛，类似于参众两院的投票机制。

权限矩阵实际上是章程中烦冗文字的一种视觉提炼。公司股东的股权结构表也是如此。我们通过查看权限矩阵来获知可能性。

培养通用技能

在人生的每个阶段，我都会将我当前的技能应用到新的领域，以此来学习另一种技能。我从未彻底从零开始，因为我总是围绕以前的技能进行新技能的构建。

例如，我在学校的拿手科目是数学和科学，这使我进入了学术科学领域。在学术科学研究中，我学会了 PPT 演示的技巧。在成为一名企业家后，这项技能顺理成章地转化为制作融资 PPT 和筹款的能力。作为投资人和风险投资人,这又转化为评估融资 PPT 的能力,因为我了解其中的门道。

我为研究而编写的学术计算代码是我在初创公司编写生物信息学代码的技能基础,它让我有能力构建一个完整的商业系统。每一步都像在莲叶间跳跃,我从来不需要跳跃至完全陌生的事物,因为我利用了我已知的一切。

每一步都是下一步的基础。你可以从已有的知识储备中立即获得价值,并在尚未精通的领域中培养技能。每一步,你都必须野心勃勃,但又不能不切实际。你需要成为你自己最忠实的粉丝和最严厉的批评者,对自己的长处和短处有极其深刻的现实认知,并与那些能补充你的长短处的人一起工作。

> 作为一名工程师、科学家、投资人或企业家,你的理论不断受到物理定律或市场的检验。这让人精神振奋,也让人自惭形秽。

我倾向于讨论理论,但现在让我们谈谈策略和后续步骤,因为我们也必须足够务实才能完成任务。

在理想情况下,你既是全栈工程师,又是全栈创作者。这就像同时使用你的右脑和左脑。在工程方面,这意味着你掌握了计算机科学和统计学。有物理和连续数学的知识也很好。这本身非常有价值,如今你可能需要将连续数学与人工智能结合使用。

每个领域都有算法和数据结构，这意味着计算机科学和统计学在任何地方都能发挥作用。你可以走进沃尔玛并开始编写购物车或购物篮定价的代码。你可以走进美国航空公司并编写航班调度代码。你可以走进辉瑞并开始为制剂和药品制造编写代码。

富有成效的心智模型只会不断地输出一个又一个的结果。如果你擅长数学，你就可以做很多物理学方面的工作，从而进入流体力学、电动力学或天体物理学领域，并开始创造有用的成果。

当然，每个领域都有领域知识，但数学、计算机科学和统计学是通用语言。我的意思不是只学习编程以及如何调用库函数，而是理解计算机科学的基本概念，并进行深度钻研。

如果你同时熟知计算机科学和统计学的理论和实践，那么你的基础就会非常牢固。你需要这两者来理解一些基本的东西，比如大O符号和所有的概率分布问题。有了这样的知识储备，你就可以开始收集数据并进行分析了，不是吗？

计算机科学是理论，软件工程是实践。你也可以说，概率和统计学是理论，而数据科学是实践。

现在计算机科学和统计学的地位，和20世纪初的物理学一样。在物理学的鼎盛时期，物理学家可以踢开任何学科的大门，然后说："你好，我现在要用我写下的方程来改变你的生活了。"

成为全栈创作者也很重要。社交媒体将变得远比人们想象的更有利可图、更容易变现。人们认为一切已经结束或停滞不前，但创新才刚刚开始。许多想要建立价值数十亿美元公司的人，也将不得不建立数百万人规模的媒体粉丝群。

你需要先建立广泛的技能和知识基础，然后找到你想要工作的领域。选择一个具体的、你出于某种原因真正关心的领域，例如基因组学、机器人技术、加密技术、永久迁移。反正这是我的经验之谈。

> 我非常看好工程学的发展前景。我认为那些非常重视孩子的早期工程教育的父母应该受到赞扬。

读写能力带来了阅读权限，编程能力则带来了写入权限。学习代码更像是学习写作而不是学习阅读。每个人都应该学会写代码，因为：(1)学习基础知识并不难，(2)即使只是用于编写 Excel 宏也很有用，(3)这一技能在每个国家都有价值。不是每个人都是图灵，就像不是每个人都是托尔斯泰一样，但普遍的编程能力就像普遍的读写能力一样，应该被普及。

对于那些不擅长工程的人来说，可以选择对内容进行精雕细琢。如今，内容与工程一样重要。每家新公司都可以设置一位与创始工程师同等地位的创始意见领袖。今天，一位创始工程师和一位创始意见领袖能创建一家公司；明天，他们也许就能建设一个国家。

投资你想看到的未来

> 积累你的财富，然后帮助他人积累财富。

数学通常涉及深刻的真理，表述起来很简单，但解释起来很费劲。利用勤奋的实践来确认新的商业模式是否有效，通常比查阅论文确定其为何有效更容易。

数学家和投资者喜欢通过逻辑推理链建立既有煽动性又有真实性的观点。不受欢迎的真相是许多投资策略的核心。押注物理学优于押注市场，但押注市场优于押注善变的人类情绪。

一家初创公司至少应该在某一个方面表现出色。它不可能方方面面都"做得不错"，但至少要在一个维度上优于竞争对手10倍，才值得押注。

> 创始人的勤奋程度比其智力水平更难评判。

投资者的类型多种多样。我骨子里就是个种子投资者，因为作为一名学者，我擅长发现优秀的学生。成为一名高管和创始人后，我擅长寻找工程师和其他聪明、才华横溢的人，也擅长识别聪明、有创造力的创始首席执行官。

对于其他类型的投资者，你必须密切关注市场行情，其间花费的精力比人们想象的要多得多。你每天都得盯着数据，寻找稍纵即逝的卖出时机。我认为这是一种可怕的生活方式。我心仪的投资类型是寻找聪明人，然后帮助他们提升自我。

安德森·霍洛维茨公司提供了一个观察所有技术领域的绝佳视角。在那里，通过聆听周围最聪明的人的演讲，我很快就了解了许多不同的行业。有了这种接触，你可以很快熟悉以前从未涉足过的领域，并获知每个行业的问题。当你看过数百个PPT之后，你就获取了相应技术发展水平的全球视野。当你经营一家公司时，你需要像望远镜一样只聚焦于一件事。

创办公司和成为投资者都让我取得了不俗的财务成就。作为投资者，你只用做1%或更少的工作，就能获得10%~20%的回报，但你完全没有控制权。

> 由于风险投资不断寻找新的垄断方，其在打破旧垄断方面可能比反垄断更有效。

风险投资有很多缺点，但也有一些有趣的点。其中之一是，风险投资者对他们是否犯错非常感兴趣。如果他们错过了那些取得成功的公司，他们就想了解自己为什么错过了。他们想承认自己的错误，并且可能现在就开始投资这些公司。他们有发现真相的经济动机，这一点并不常见。

另一个有趣的点是，风险投资者有动力去培养人才。作为投资者，你要让你投资的对象变得比你更富有。彼得·蒂尔向年轻的马克·扎克伯格投资了50万美元用于创建脸书。蒂尔通过这项投资赚了10亿美元，但显然扎克伯格赚得更多。具备让别人变得更富有、让别人变得更优秀的动机，这是极其不寻常的。

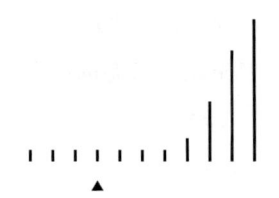

事后看来，每个人都相信他们会甘冒风险、尽早介入。
然而，又一个有风险的行业风口如今就摆在你面前，你入局了吗？

"低买高卖"很难，因为它需要你有足够的魄力去做一些不那么受欢迎的事情。高峰和低谷只有在回看时才会显而易见。在行动的那一刻，只有你逆势而行。

我们都愿称自己在 2004 年时会向脸书投资 2.5 万美元。事后看来，我们都相信自己当年如果有条件的话会甘冒风险、尽早介入。然而，又一个有风险的行业风口如今就摆在你面前。现在，数字货币消除了人们不去尝试的借口。

随着工作变得更加自动化，投资可能会成为 21 世纪最常见的"工作"。回望过去，19 世纪是农业的世纪，20 世纪是制造业的世纪。如今，这种全民投资的转变可能已经悄然起步。

科技行业的趣事之一是，如果你在行业中坚持的时间足够长，并且做了足够多的尝试，那么有些尝试带来的回报会比你预期的丰厚得多。我花 5 分钟进行的一些投资，所得的回报可能比花 5 个月工作所得的还要多。当然，这并不意味着你可以稳赚不赔，投资还是要承担资金风险的。

我曾放弃了很多很有前景的金融投资，因为我对只赚钱的项目不感兴趣。我的投资是基于意识形态的投资，我投资的是我希望看到被建设出来的世界。

> 技术最棒的特点是什么？那就是"过去的事就让它过去"。
> 总有新一列火车离开车站，新一枚火箭升空。
> 找到它、资助它或加入它。
> 我们必须努力创造我们想要的未来。

BONUS

额外推荐

巴拉吉的推荐读物

> Kindle（阅读软件）可能是一个比推特更好的休闲应用程序。

图书

数学与科学

我喜欢这些技术书籍。大多数人最喜欢的书似乎是小说，也有的人喜欢非虚构类书籍，但很少有人提及技术书籍。我一直对此感到惊讶。为什么没有针对技术书籍的《纽约书评》？这种东西为什么不存在？

《费曼物理学讲义》理查德·费曼
费曼既自信又聪明。他绝对不是一个被动或顺从的书呆子，即使后者是我成长过程中知识分子的普遍形象。

费曼向我们展示了每个人都可以标新立异。作为一名学者，你可以打破上述刻板印象。现在我能认识到这一点，但我年轻时并不清楚。现在我可以绘制出我从学者到企业家，再到经济独立的个人发展轨迹。我能够看到不循规蹈矩与在智识方面表现出自信的回报轨迹。

从费曼那里，我了解到看似简单的问题往往有非常复杂的解答。"天为什么是蓝色的？"这个问题有一个难以简化的复杂答案。我还了解了"货机崇拜"（cargo cult）的概念，即人们如何在不做自我检查的情况下重复做一件事。

《普林斯顿数学指南》蒂莫西·高尔斯

如果我被困在荒岛上，这就是我想随身带着的那本书，因为它基本上是一本数学百科全书。它的作者是一位菲尔兹奖得主，同时也是一位非常优秀的编辑和作家。你可以在这本书上花费无尽的时间，不断回看它。这本书可以说是常看常新。从技术角度来说，这是我最推荐的一本书。

《沙姆纲要集》（Schaum's Outlines）乔尔·勒纳和詹姆斯·凯辛

这是一套很棒的系列书籍。它创作于 21 世纪初，是一套涵盖不同主题的黄皮书。例如，有概率与统计学的沙姆纲要和会计学的沙姆纲要。很多人都学过会计，但如果你给他们看沙姆纲要，并要求他们完成纲要中的前 10 道题，你会惊讶地发现他们中的许多人都一筹莫展。

我手拿纸笔，在一张漂亮的桌子旁一边喝着咖啡，一边线下钻研这套书。这样的场景令人身心放松，几乎和冥想的效果一样。这也像在做举重训练。我钻研它的部分目的在于保持自己的思维敏锐。

《概率论题解 1000 例》杰弗里·格里梅特和大卫·斯特扎克

这本书也是常看常新。学习如何处理马尔可夫链并求解本征值永远不会是无用功，这些知识学习起来需要更多的精力，但这一过程可以让你保持敏锐。

《数学建模的本质》（*The Nature of Mathematical Modeling*）尼尔·格申斐尔德

这本书已经出版将近 26 年了，简直令人难以置信。现在对于书中所讨论的一些主题有了更现代的解决方案，但每一页都干货满满，我当年对它爱不释手。

《写给科学家和工程师的物理学》（*Physics for Scientists and Engineers*）保罗·蒂普勒

《复分析：可视化方法》特里斯坦·尼达姆

我一直很喜欢纲要类书籍。

《复变函数可视化方法》（*Visual Complex Functions*）埃利亚斯·韦

格特

这本有趣的书提议将所有复变函数绘制为彩色等高线图。这是一个显而易见的想法，但它在书中被系统地实现了。

《数盲——数学无知者眼中的迷惘世界》约翰·艾伦·保罗士

《知无涯者——拉马努金传》罗伯特·卡尼格尔

《Python Web 开发——测试驱动方法》哈利·帕西瓦尔

书名很滑稽，但它真的写得非常好。它教你如何测试比简单函数更复杂的东西。如果你需要编写任何规模的 Python 应用程序，这本书将使你的代码更漂亮。

给创始人的推荐读物

《我的飞车在哪里？》（*Where is My Flying Car?*）乔什·斯托尔斯·霍尔

只管读就好。

《格鲁夫给经理人的第一课》安迪·格鲁夫

《只有偏执狂才能生存》安迪·格鲁夫

《CEO 修炼手册》（*The Great CEO Within*）马特·莫卡里

不久前，这本书的预印本在社交新闻网站"Hacker News"上疯传。布莱恩·阿姆斯特朗和我在 Coinbase 内部借鉴了其中的部分内容，纳瓦尔·拉维坎特也在他的几家公司里实践了此书中的方法。我们发现它很有帮助！

《创新的起源——一部科学技术进步史》马特·里德利

这本书阐释了科技创始人为何总是不得不与既有体制作斗争，且时至今日依然如此。

《主权个人》（*The Sovereign Individual*）詹姆斯·戴尔·戴维森和威廉·里斯-莫格

如果你想寻找创业点子，请阅读这本书。它于 20 世纪 90 年代末问世，是世界上最有先见之明的书。对于大多数畅销书，你可以将 300 页内容提炼成一页总结。这本书恰恰相反。你可以拿出书中的一页，并将其延伸为一篇博士论文。

这是一本非技术性的书，但我反复咀嚼，纸笔不离手，试图扩展它的语句以提取其含义和引申意义。

《技术革命与金融资本》卡萝塔·佩蕾丝

这本书讨论了技术的基本周期。人们对一项技术非常感兴趣，实际尝试后，却发现实现它很难，大多数人会因此士气低落，进而选择放弃。正是那些在低谷中坚持到底的人，才能真正成事。卡萝塔·佩蕾丝对于这种情况如何以及为何发生有一套完整的理论。

《不可打扰》尼尔·埃亚尔

尼尔·埃亚尔的畅销书帮助我们从根本上改掉坏习惯，解决了现代人分心的问题。他深入研究了导致我们三心二意的更深层次的心理学原因，这是一个连柏拉图都哀叹的古老问题。埃亚尔在写作时没有出现常见的技术道德恐慌，他写道："我们可以在充分利用技术的同时，又不被它打败。"埃亚尔的模型综合了数十年经同行评议的研究，可以说是任何人都可以上手的实用工具。

《冷启动》（*The Cold Start Problem*）安德鲁·陈

这本书对于任何尝试独自创立新社区或网络的人来说都很有用，而如今几乎每个创始人都在做这件事。

历史

> 你读的历史越多，你就越会意识到过去和未来一样令人惊叹。

俗话说，不了解历史的人注定要重蹈覆辙。我逐渐开始认为，简单的年度历史测验可以衡量人群对多种致命思想病毒的免疫力（或易感性）。

《灰贵妇眨了眨眼》阿什利·林兹伯格

这本书我五星推荐。每个加密货币领域的人都应该阅读这本书。我认为这本书可以和《主权个人》相提并论。

《真相的商人》(Merchants of Truth) 吉尔·艾布拉姆森

《纽约时报》前编辑吉尔·艾布拉姆森阐释了商业需求和页面浏览量如何推动编辑流程的发展。

《记者与谋杀犯》(The Journalist and the Murderer) 珍妮特·马尔科姆

这本书描述了记者如何为了点击量而"结交和背叛"采访对象的过程。这本书在新闻学院中被当作一本操作指南来教授。

《AI·未来》李开复

李开复的书今天依然很有价值。我最初以为这本书会是对人工智能的一个通俗概述,但实际上它是关于中国科技生态系统的一部历史。李开复对于执行速度和创新的许多看法现已得到证实。

《生火》理查德·兰厄姆

火可以说是人之根本。这本书讲述了火的发明如何允许人类将新陈代谢"外包"给火,从而将更多珍贵的热量分配给大脑。火放宽了进化的限制,让我们变得更聪明。可以说从进化的时间尺度来看,我们已经与技术共同进化了很长时间。技术实际上造就了我们人类，它是区分人与动物的关键。

《人类起源的故事——我们是谁，我们从哪里来》大卫·赖克

这是赖克思想流派的典型通俗总结，与卡瓦利-斯福尔扎先前的著作《人类基因的历史和地理》(The History and Geography of Human Genes) 同样重要。其简要论点是，我们真正的历史写在我们的基因中。单纯的文本可能会被伪造、扭曲或丢失，但基因组学（无论是现代的还是古代的）不会。

这本书还清楚地表明，历史是一片墓地。自"远古时代"以来，地球上可能没有一个民族能够简单而和平地占据一片土地。一个部落的家园可能是其远祖的边疆。

《声誉与权力——美国 FDA 的组织形象与药品监管》(Reputation and Power: Organizational Image and Pharmaceutical Regulation at the FDA) **丹尼尔·卡彭特**

在职业生涯的早期，我并没有过多考虑监管障碍。大多数人没有听到过有关美国食品药品监督管理局的真正坏话。这本书告诉了我原因。它谈到，该机构的声誉对其权力至关重要。这本书的撰写者选择了同情该机构的视角，但你可以采用别的视角来阅读它。美国食品药品监督管理局是世界上最强大的监管机构，它为何变得如此有影响力？它究竟是如何建立起其能力卓越、警惕性高的声誉的？

《真理机器》（*The Truth Machine*）迈克尔·凯西和保罗·维尼亚

我日渐频繁地向人们推荐这本书。区块链如何让我们在逆境中建立起某些类型的真相？这本书提供了一个通俗易懂的解释。

《货币互联网》（卷 1）（*The Internet of Money Volume 1*）安德烈亚斯·安东波罗斯

安德烈亚斯·安东波罗斯写的《精通比特币》一书，是有关数字货币的最佳技术书籍之一。在《货币互联网》中，他将自己的演讲汇编成面向广大读者的关于比特币的最佳书籍之一，可谓是一番壮举。强烈推荐！

《国家的视角》 詹姆斯·C. 斯科特

如果你读过《国家的视角》，你会发现"真实姓名"（real name）一词在某种意义上是用词不当。更好的术语是"国家姓名"（state name），这是一个能让国家准确地识别你的名字。

《经济腾飞路》 李光耀

新加坡前领导人李光耀讲述了新加坡令人难以置信的转型故事。新加坡是一个管理良好的国家的典范，值得我们学习。

《历史已来》（*History Has Begun*）布鲁诺·玛萨艾斯

布鲁诺的论点是，美国正日益成为一个虚拟社会，最注重的是虚构的东西。我必须表示赞同。这一新颖的视角将许多对立的思想流派统一起来，包括对过去的幻想、对现在的错觉和对未来的憧憬。

《共济会四百年》约翰·迪基

任何从事 NFT（非同质化代币）收藏工作的人都应该了解共济会的历史。他们的许多仪式都可以在数字时代进行有效的更新。借助现代技术，仪式和秘密社团可能会成为人们眼中真正的魔法。

《一日三罪——联邦调查局如何针对无辜者》（Three Felonies a Day: How the Feds Target the Innocent）哈维·西尔弗格莱特

这本书的主题是执法自由裁量权。例如，在美国司法部，美国检察官在其管辖范围内拥有绝对的权力，并有权按照他们的惯例提出或不提出指控。你可以在高速公路巡逻的场景中看到这种情况：警察有权让你靠边停车，并且无须证明他放过所有其他超速驾驶者的决定是合理的。

《反叛手册》（Rules for Radicals）索尔·阿林斯基

《君主论》是马基雅维利为"有权有势者"撰写的关于如何掌握权力的著作。《反叛手册》则是为"无权无势者"编写的，告诉他们如何夺走权力的著作。

《原则——应对变化中的世界秩序》瑞·达利欧

达利欧讲述了在货币过度扩张方面，当今美国与过去的荷兰和大英帝国的相似之处。

《战争与和平与战争——帝国的兴与衰》（War and Peace and War: The Rise and Fall of Empires）彼得·图尔钦

这本书讨论了如何用定量方法识别循环周期。

《第四次转折——世纪末的美国预言》 威廉·斯特劳斯和尼尔·豪

这本书写于20世纪90年代中期，展示了历史循环理论如何预测21世纪20年代美国的一次严重冲突。

《互联网进化史——从地下室革命到上帝手机》 布莱恩·麦卡洛

麦卡洛提醒我们，科技时代是一个非常新的时代，并且随着苹果手机的普及才真正开始。

《对"无条件保留"的温和介绍》（A Gentle Introduction to Unqualified Reservations）柯蒂斯·亚文

这本书是对西方历史异常现象的广泛调查，重点关注19世纪和20世纪。

《古拉格群岛》（上卷）亚历山大·索尔仁尼琴

这本书能让你了解真实的苏联。

《政府之家——俄国革命传奇》(The House of Government: A Saga of the Russian Revolution) 尤里·斯廖兹金

这本书能让你了解苏联的实际运作方式。

《华尔街与希特勒的崛起》(Wall Street and the Rise of Hitler) 安东尼·萨顿

萨顿告诉我们，不同的资本家群体如何为法西斯革命提供资助。

其他推荐

如果你喜欢本书，可以通过更多渠道更深入地了解巴拉吉的想法。巴拉吉还在以下渠道创造并分享伟大的见解：

→ 他的推特
→ 他的著作《网络国家》
→《网络国家》播客
→ 他在创业学院发表的名为《发声与退出》(Voice vs. Exit) 的演讲

本书英文版出版时巴拉吉最受欢迎的播客访谈：

→《莱克斯·弗里德曼的播客》(Lex Fridman Podcast)
→《蒂姆·费里斯秀》(The Tim Ferriss Show)
→《去银行化》(Bankless)

你如果喜欢本书中由杰克·布彻创作的插图，可在 VisualizeValue 网站上找到更多他创作的关于巴拉吉想法的插图，以及他的其他作品。

想要了解类似的想法、概念、技术、公司和投资，你可以订阅播客《聪明的朋友》。

进一步了解作者和巴拉吉

埃里克·乔根森撰有关于技术、初创企业和投资的文章并录制了相关的播客。自 2014 年以来，他的博客已为超百万名读者提供了教育和娱乐。埃里克本人还参与初创科技公司的投资，若有公司需要投资或推介，请联系他。

他也是《纳瓦尔宝典》的作者，该书迄今为止已有数百万读者，并被翻译成 30 种语言。他和他才华横溢的美丽妻子珍妮住在堪萨斯城。

巴拉吉·斯里尼瓦桑（@balajis）是一位天使投资人、科技公司创始人，也是《华尔街日报》畅销书《网络国家》的作者。巴拉吉曾任 Coinbase 首席技术官和安德森·霍洛维茨公司的普通合伙人，也是 Earn.com（后被 Coinbase 收购）、Counsyl（后被 Myriad 收购）、Teleport（后被 Topia 收购）和非营利组织 Coin Center 的联合创始人。斯里尼瓦桑博士拥有斯坦福大学电气工程学士、硕士、博士学位和化学工程硕士学位，他曾在斯坦福大学教授机器学习、计算生物学和一门在线课程，后者吸引了全球超过 250 000 名学生。

巴拉吉资助过各类初创公司，包括 Akasa、Alchemy、Benchling、Cameo、CoinTracker、Culdesac、Dapper Labs、Deel、Digital Ocean、Eight Sleep、EPNS、Farcaster、Gitcoin、Golden、Instadapp、Lambda

School（Bloomtech）、Levels Health、Locals、Messari、Mirror、OnDeck、OpenSea、Orchid Health、Prospera、Replit、Republic、Roam Research、Skiff、Soylent、Stability AI、Starkware、Stedi、Superhuman、Synthesis、Zora Labs 等。巴拉吉也是许多重要加密协议的早期投资者，包括比特币、以太坊、Solana、Avalanche、NEAR、Polygon、Chainlink、ZCash 等。

致谢

本书是对数十人多年来的付出的一场感恩盛宴。有多少才华横溢的人在这些书页上留下了他们的痕迹，这数目令人惊叹。我感谢你们每个人贡献的宝贵时间和真知灼见。

一本书的成功总是少不了背后许多人的群策群力。感谢所有为本书的创作慷慨奉献时间、专业知识、智慧和技能的朋友。

首先感谢巴拉吉对这个项目所秉持的开放态度。我很荣幸有机会围绕你的想法构建本书。愿意将毕生工作的原材料托付给另外一个人，这是一件很了不起的事。我感谢你的信任、慷慨和支持。

感谢杰克·布彻再次挥洒他的伟大才华。本书中的插图和视觉效果都出自他手。他的作品将他所触及的每一个想法清晰化，并为其增色不少。感谢你在本职工作之余还承担了这个项目。我由衷地感谢你的才华、善良和用心。

感谢所有出色的采访者和作者，你们创建了本书的基石。这一名单有好几十个人，要特别感谢的是莱克斯·弗里德曼、大卫·佩雷尔、肖恩·帕里什、尚恩·普里、萨姆·帕尔、克里斯·威廉姆森、帕特里克·奥肖内西、埃里克·托伦伯格、泰勒·考恩和杰森·卡拉卡尼斯。我从你们所有人身上都有所获益，感谢你们创造和分享的优秀成果。

我对父母常怀感激，你们给予我的天分，在我身上付出的努力和牺牲，推动我完成了这本书。你们满怀的爱意为我所能做到的一切奠定了基础，我永生难忘。

我很感谢我的妻子珍妮·乔根森，在我无数次谈起巴拉吉时，你耐心倾听。我也感谢你明智的建议、积极的态度和鼓励。感谢你始终士气高昂、令人振奋。

感谢 Scribe Media 出色的编辑和设计团队，特别是塔山·梅塔（结构编辑）、特蕾西·亨德利（文字编辑）、索菲·梅（指导）、大卫·阿里亚斯（封面设计师）等等。

感谢那些分享专业知识的作家朋友，如果没有他们，我就会面临更多的困惑，而少了许多欢笑。他们是：马克斯·奥尔森、泰勒·皮尔逊、詹姆斯·克利尔、摩根·豪泽尔。

感谢广大试读本的读者们，感谢你们付出的时间、给出的意见和明智的建议。你们每个人都为本书做出了宝贵的贡献，没有你们，本书就不会是现在这个样子。感谢你们疾言厉色的爱意和爱意充盈的严厉。我对你们每个人表示最深切的谢意，谢谢安德鲁·法拉赫、特里斯坦·霍姆斯、丹尼尔·道永、杰西·雅各布斯、凯兰·佩里、肖恩·奥康纳、迪恩·奥利弗、安德鲁·韦蒂姆、亚历克斯·W.、亚当·韦克斯曼、泰勒·皮尔逊、蒂姆·哈希、杰西·鲍尔斯、约翰尼·彼得森、斯凯·金、梅根·达内尔、蔡斯·伊尔滕和纳特·埃利亚森。

再次感谢纳瓦尔·拉维坎特对我的信任，让我创作出了《纳瓦尔宝典》。这是一个改变一生的项目，也直接带来了本书成书的机会。

感谢我的助手伊万·埃德加·加西亚,他是本书的忠实支持者,并承担了许多责任,保证了我的工作时间。(向雅典娜致谢,是你让这次合作成为可能!)

感谢对本书大有启发的作者和创作者。我创作和分享本书的动力直接源于对类似书籍的欣赏和深深感激,这些书籍都有着改变生活的强大力量,我想特别提一下其中几本书:

→ 彼得·考夫曼的《穷查理宝典》(查理·芒格的智慧)
→ 布莱克·马斯特斯的《从0到1》(彼得·蒂尔的智慧)
→ 彼得·贝弗林的《探索智慧》(Seeking Wisdom)(以及其他作品)(巴菲特和芒格的智慧)
→ 马克斯·奥尔森的《伯克希尔·哈撒韦致股东的信》(Berkshire Hathaway Letters to Shareholders)(巴菲特的智慧)
→ 瑞·达利欧(及其团队)的《原则》

感谢互联网上许多朋友和陌生人的支持,他们支持和鼓励我完成了整个项目。我的私信里充满了善意的话语和热切(有时甚至是迫不及待)的询问。我感激每一个举动。你们充沛的能量伴我度过了创作本书所经历的1000多个小时。

附录

[1] Andreessen, Marc and Balaji Srinivasan. "Bitcoin Fireside Chat with Marc Andreessen and Balaji Srinivasan." Moderated by Kashmir Hill. CoinSummit. 26 March 2014.

[2] Beshare, James and Balaji Srinivasan. "The Archbishop of Crypto." *Below the Line with James Beshara* (podcast), episode 99, April 2021.

[3] Bhat, Tanmay and Bilaji Srinivasan. "The Balaji Podcast." Produced by Jaydeep Dholakia. *Superteam Podcast*, 28 December 2021.

[4] Calacanis, Jason and Balaji Srinivasan. "Balaji Srinivasan (21.co & a16z): Crypto Tokens, ICOs, Longevity, Future Tech." *This Week in Startups* (podcast), episode 769, 10 October 2017.

[5] Casey, Michael, Sheila Warren, and Balaji Srinivasan. "Balaji Srinivasan: Bitcoin and the Search for Truth." *Money Reimagined* (podcast), 23 October 2021.

[6] Cowen, Tyler and Balaji Srinivasan. "Balaji Srinivasan on the Power and Promise of the Blockchain." *Conversations with Tyler* (podcast), episode 39, 2 April 2018.

[7] Crunchbase. "Counsyl." Accessed 24 August 2023.

[8] Dixon, Chris, Balaji Srinivasan, and Benedict Evans. "The Rise of Full Stack Startups." *a16z Podcast*, episode 5, 6 March 2014.

[9] Dixon, Chris, Balaji Srinivasan, and Benedict Evans. "Where is the Technology That 'Matters?' Right Here." *a16z Podcast*. 21 March 2014.

[10] Elbakyan, Alexandra. Sci-hub. Accessed 25 August 2023.

[11] Fridman, Lex and Balaji Srinivasan. "Balaji Srinivasan: How to Fix Government, Twitter, Science, and the FDA." *Lex Fridman Podcast*, episode 331, 20 October 2022.

[12] Hoffman, David, Ryan Sean Adams, and Balaji Srinivasan. "Rise of the Network State." *Bankless Podcast*, episode 131, 8 August 2022.

[13] Horowitz, Ben. "Nobody Cares." Andreessen Horowitz. 8 October 2011.

[14] Kan, Justin and Balaji Srinivasan. "Balaji's world Part 1: Crypto, China, Capitalism, and a Decentralized Creator Economy." *The Quest Pod*, 8 June 2021.

[15] Kan, Justin and Balaji Srinivasan. "Balaji's world Part 2: Network States, Building Cities, The Digital Frontier, and Wokeness." *The Quest Pod*, 15 June 2021.

[16] Lutter, Mark and Balaji Srinivasan. "A City in the Cloud with Balaji Srinivasan." *Charter Cities Podcast*, episode 15, April 2020.

[17] O'Shaughnessy, Patrick and Balaji Srinivasan. "Balaji Srinivasan—Optimizing Your Inputs." *Invest Like The Best* (podcast), July 2021.

[18] Parr, Sam, Shaan Puri, and Balaji Srinivasan. "Balaji on How to Fix the Media, Cloud Communities & Crypto." *My First Million*, episode 178, 5 May 2021.

[19] Parris, Shane and Balaji Srinivasan. "Balaji Srinivasan: Exploring COVID-19." *The Knowledge Project* (podcast), episode 78, 14 March 2020.

[20] Perell, David and Balaji Srinivasan. "Balaji Srinivasan: Living in the Future." *North Star Podcast*, August 2020.

[21] Pompliano, Anthony and Balaji Srinivasan. "Balaji Srinivasan on The Argument for Decentralization—Part I." *The Pomp Podcast*, episode 295, May 2020.

[22] Ramamurthy, Aarthi, Sriram Krishnan, and Balaji Srinivasan. "Balaji Srinivasan Opens Up about Indians, Network States, Crypto and More!" *The Good Time Show with Aarthi and Sriram*, episode 8, 14 July 2022.

[23] Risberg, James and Balaji Srinivasan. "Balaji S. Srinivasan: The Network State." Video produced by Foresight Institute, 21 February 2021.

[24] Smith, Kiona N. "The Correction Heard 'Round The World: When The New York Times Apologized to Robert Goddard." *Forbes*. 19 July 2018.

[25] Sotonye and Balaji Srinivasan. "If Einstein Had The Internet: An Interview With Balaji Srinivasan." *NeoNarrative* (substack), 2 August 2021.

[26] Srinivasan, Balaji (@Balajis). Twitter. Twitter.com/BalajiS.

[27] Srinivasan, Balaji and Marc Andreessen. "Startups and Pendulum Swings Through Ideas, Time, Fame, and Money." *a16z Podcast*, episode 219, 30 May 2016.

[28] Srinivasan, Balaji and Vinjay S. Pande. "Stanford: Startup Engineering." Lecture slides for an online course. June 2013.

[29] Srinivasan, Balaji, Juan Benet, and Vitalik Buterin. "Decentralized Media, a Panel with Balaji Srinivasan, Juan Benet, and Vitalik Buterin." Moderated by Kartik Talwar of ETHGlobal. HackFS 2021, 31 July 2021.

[30] Srinivasan, Balaji. "Balaji Srinivasan at Startup School 2013." Lecture. Y Combinator, 26 October 2013.

[31] Srinivasan, Balaji. "Book Review: Indistractable." The Network State. 16 June 2021.

[32] Srinivasan, Balaji. "How Balaji Srinivasan of 21.co and a16z Sets Goals and Manages Teams." *Secrets for Scaling* (podcast), 13 June 2017.

[33] Srinivasan, Balaji. "I'll make a meta-observation here—." Response to question by Michael Goldstein (@bitstein). Product Hunt live chat, 27 April 2017.

[34] Srinivasan, Balaji. "The Purpose of Technology." Balajis.com. 19 July 2020.

[35] Srinivasan, Balaji. In conversation with the author May 1–May 10, 2023.

[36] Srinivasan, Balaji. *The Network State*. Self published, 2022.

[37] Stebbings, Harry and Balaji Srinivasan. "20VC: Balaji Srinivasan." *The Twenty Minute VC* (podcast), 25 November 2016.

[38] Torenberg, Erik, Naval Ravikant, and Balaji Srinivasan. "Naval Ravikant and Balaji Srinivasan on Crypto." *Village Global's Venture Stories* (podcast), July 2021.

[39] Varadarajan, Tunku. "The Blockchain Is the Internet of Money." *Wall Street Journal*, 22 Sept 2017.

[40] Weinstein, Eric and Balaji Srinivasan. "The Heretic & The Virus." *The Portal* (podcast), episode 35, May 2020.

[41] Williamson, Chris and Balaji Srinivasan. "Balaji Srinivasan—Legacy Media is Lying to You." *Modern Wisdom* (podcast), episode 519, 29 August 2022.